100 FRAUEN

2. Auflage 2019
© 2018 Verlagshaus Jacoby & Stuart, Berlin
Die Rechte am Einzelbild liegen jeweils bei der Künstlerin
Gestaltung: Sabine Kranz und Kati Klaeske
Um die Persönlichkeitsrechte aller in das Buch aufgenommenen Frauen,
auch der während der letzten zehn Jahre verstorbenen, zu wahren, hat der Verlag versucht,
sie oder ihre Erben ausfindig zu machen, was ihm leider nicht in jedem Fall gelungen ist.
Der Verlag entschuldigt sich bei Rechtsnachfolgern, die sich unter Umständen übergangen fühlen.

Printed in Latvia
ISBN 978-3-946593-98-0
www.jacobystuart.de

100 FRAUEN

UND 100 JAHRE FRAUENWAHLRECHT

Herausgegeben von
Sabine Kranz und Annegret Ritter

Mit Texten von Nicola T Stuart

Verlagshaus Jacoby ⌂ Stuart

Ein Anlass zur Freude und ein Grund zu feiern!

Die Idee, ein Projekt zum Jubiläum 100 Jahre Frauenwahlrecht in Deutschland zu initiieren, entstand nach einer Ausstellung mit »Wildwestfrauen« in unserer Illustratorinnenrunde. Zunächst begannen wir mit der Seite 100FrauenProjekt auf instagram. Dort war die Resonanz bald so groß, dass wir auch erste Illustrationen auf der Frankfurter Buchmesse zeigen konnten.

Mit Nicola Stuart haben wir eine Verlegerin gefunden, die unseren Enthusiasmus teilt. Gemeinsam mit ihr haben wir 100 Frauen aus dem deutschsprachigen Raum ausgewählt, die für uns exemplarisch das vergangene Jahrhundert repräsentieren. 65 Illustratorinnen haben 100 beeindruckende Frauenporträts in diesem Buch versammelt.

Was uns besonders freut, ist, dass die Illustratorinnen bereit sind, zugunsten eines Frauenprojektes auf ihr Honorar zu verzichten. Mit dem FeM-Mädchenhaus in Frankfurt haben wir eine Einrichtung ausgewählt, die wir mit diesem Geld unterstützen möchten, denn wir wissen natürlich, dass viele Mädchen und Frauen in Deutschland nicht das Leben leben können, das sie wählen würden.

Bei der Arbeit an diesem Buch sind uns zahlreiche interessante Frauen begegnet. Nicht nur die ausgewählten Persönlichkeiten, auch die Illustratorinnen, die sie gezeichnet haben, haben uns inspiriert und motiviert. Wir danken allen, die mitgemacht haben. Besonders möchten wir Franziska Ruflair hervorheben, für ihr Engagement beim Start des Projekts, außerdem danken wir den vier Illustratorinnen des Ausstellungsteams Frankfurt.

Nun ist die Entdeckungsfreude an Ihnen!

Die Herausgeberinnen

Großartige Frauen!

100 Frauen aus 100 Jahren, zur Feier von 100 Jahren Frauenwahl-recht in Deutschland und Österreich – das war die Idee. 100 Frau-en sollten repräsentativ nicht nur für die Geschichte der Frauen-emanzipation, sondern überhaupt auch für das sein, was Frauen aus dem deutschen Sprachraum, also Deutschland, Österreich und der Schweiz, in diesen hundert Jahren geleistet haben.

In langen Diskussionen zwischen den Herausgeberinnen und dem Verlag stellte sich dann heraus: Die 100 Jahre reichten nicht aus, wir mussten weiter zurückgehen zu den Vorreiterinnen aus bürger-licher und Arbeiterfrauenbewegung, die das am 12. November 1918 in Österreich und am 30. November 1918 in Deutschland Erreich-te vorbereitet hatten. Und wir mussten darauf achten, dass nicht etwa nur Politikerinnen den ihnen gebührenden Platz erhielten.

Die noch lange nicht vollendete Gleichstellung der Frauen in allen Belangen ist eine Geschichte der gesamten Gesellschaft. Eine Ge-schichte von vielen Frauen, von denen wir 100 exemplarisch – und damit auch immer etwas willkürlich – ausgewählt haben: Unterneh-merinnen und Gewerkschafterinnen, Wissenschaftlerinnen, Sport-lerinnen und Künstlerinnen.

Ja, und wunderbare Künstlerinnen sind es vor allem, die mit ih-ren vielfältigen Frauenporträts dieses Buch gestaltet haben. Der Text musste sich damit bescheiden, nur die notwendigsten biogra-fischen Informationen zu liefern. Doch wenn Bild und Text Frau und Mann anregen, sich intensiver mit dem Lebenslauf und der Leistung der einen oder anderen dieser großartigen 100 Frauen zu beschäftigen, dann hat das Buch seinen Zweck erfüllt.

Nicola T Stuart

VORREITERINNEN

Franziska Ruflair: Diese zehn Damen, die Vorreiterinnen, haben maßgeblich zum Beginn der Emanzipation der Frau beigetragen und sind
leuchtende Beispiele für Mut gegenüber alten Konventionen.

DOROTHEA ERXLEBEN (1715–1762), die erste promovierte Ärztin auf deutschem Boden, war von ihrem Vater, einem Arzt, in die Heilkunde eingewiesen worden, doch die Universitäten ließen Frauen zum Studium nicht zu. Sie wehrte sich 1742 mit der Schrift *Gründliche Untersuchung der Ursachen, die das weibliche Geschlecht vom Studiren abhalten* und setzte beim preußischen König, Friedrich dem Großen, durch, dass sie zur Promotion zugelassen wurde. Verheiratet war sie mit einem Witwer, der fünf Kinder in die Ehe brachte und mit dem sie noch vier Kinder bekam. Trotz des großen Haushaltes erweiterte sie ihr medizinisches Wissen stetig und war eine angesehene Ärztin.

LOUISE OTTO-PETERS (1819–1895), eine Mitbegründerin der ersten deutschen Frauenbewegung, stammte aus gutbürgerlichen Verhältnissen. Sie war überzeugt, dass sich Frauen – vor allem durch gute Ausbildung – ihren Platz in der Gesellschaft sichern können. Als Schriftstellerin und Journalistin prägte sie wie kaum eine andere die frühe Frauenbewegung. Ihre größten Verdienste erwarb sie auf journalistischem Gebiet: Sie gründete und leitete die *Frauen-Zeitung* (1849–1852), eine liberale Zeitschrift für Frauen, die mit ihren politischen Zielen bahnbrechend war. In späteren Jahren schrieb sie auch über die Notwendigkeit des Stimmrechts für Frauen.

AUGUSTE SCHMIDT (1833–1902), eine Pionierin der deutschen Frauenbewegung, war Lehrerin und engagierte sich vor allem für die Mädchenbildung. Sie war u.a. Mitbegründerin des Allgemeinen Deutschen Frauenvereins (ADF)

von 1865, des Vereins deutscher Lehrerinnen und Erzieherinnen von 1869, und des Allgemeinen Deutschen Lehrerinnenvereins (ADLV) von 1890 sowie die Erste Vorsitzende des Bundes Deutscher Frauenvereine von 1894–99. Sie galt als gütige Person, als großartige Rednerin, aber auch als bescheiden. Sie sah darin, dass Frauen ihre eigene Lage nicht erkannten, das größte Problem für die Frauenemanzipation.

HEDWIG DOHM (1831–1919), Schriftstellerin, Feministin und Publizistin, konnte noch die Einführung des Frauenwahlrechts miterleben, für das sie sich als eine der ersten in Deutschland eingesetzt hatte. Die Großmutter von Katia Mann und Mitbegründerin des Frauenvereins Reform hatte ein bekanntes Buch über die »Antifeministen« geschrieben, die überall gegen Frauenrechte zu Felde zogen. Die wirtschaftliche Unabhängigkeit der Frau in der Ehe war für Dohm, die im Übrigen auch eine kompromisslose Pazifistin war, das wichtigste Ziel der Frauenbewegung.

BERTHA VON SUTTNER (1843–1914) stammte aus einer verarmten österreichischen Adelsfamilie und verdiente sich im Hause Suttner ihren Lebensunterhalt als Gouvernante. Sie und der sieben Jahre jüngere Sohn des Hauses verliebten sich; sie wurde entlassen. Heimlich heirateten die Liebenden und flohen für neun Jahre nach Georgien. 1889 veröffentlichte Bertha ihren Antikriegsroman *Die Waffen nieder* – ein Welterfolg. Sie entlarvte darin männliche »Tugenden« wie Mut und Kampfeswille. Nun war sie berühmt und wurde zur wichtigsten Aktivistin der Friedensbewegung, zur »Friedens-Bertha«, wie die Deutschnationalen sie abschätzig nannten. Sie organisierte Friedensaufrufe, nahm an internationalen Kongressen teil und war überzeugt, dass Frauen Sitz und Stimme im »Rat der Völker« gebührt. 1905 wurde ihr der Friedensnobelpreis verliehen, den Alfred Nobel extra ihr zu Ehren gestiftet hatte.

HELENE LANGE (1848–1930), die streitbare deutsche Politikerin, Lehrerin und Schulgründerin, setzte sich gemeinsam mit ihrer Lebensgefährtin Gertrud Bäumer für die höhere Mädchenbildung ein. Sie forderte, dass Mädchen an Lehrerinnenseminaren von Frauen – und nicht, wie damals üblich, von Männern – unterrichtet wurden. 1893 gründete sie das Organ *Die Frau*, das der Emanzipationsbewegung wichtige Impulse gab. Ihr ist es zu verdanken, dass 1893 die ersten Schülerinnen endlich das Abitur ablegen konnten.

ELISABETH GNAUCK-KÜHNE (1850–1917), »Deutschlands erste Sozialpolitikerin«, war Lehrerin und gründete 1875 ein Institut für höhere Töchter in Blankenburg im Harz, das sie 13 Jahre lang leitete. Dann studierte sie Volkswirtschaft und machte in der evangelischen Frauenbewegung Karriere. Auf dem 6. Evangelisch-Sozialen Kongress hielt sie, eine Frau, das Hauptrefe-

rat – eine Sensation. 1896 unterstützte sie den Streik der Berliner Konfektionsarbeiterinnen. 1900 wechselte sie vom Protestantismus zum Katholizismus und wurde zur Mitbegründerin des Katholischen Deutschen Frauenbunds. Sie wurde wegen ihres kämpferischen Eintretens für die Arbeiterinnen die »katholische Zetkin« genannt. 1904 erschien ihr Hauptwerk *Die deutsche Frau um die Jahrhundertwende*.

HELENE STÖCKER (1869–1943), Philosophin, Sexualreformerin und Publizistin, war in einer strenggläubigen Familie aufgewachsen. Mit zwanzig ließ sie die puritanische Enge hinter sich, ging nach Berlin, kämpfte für das Frauenstudium und promovierte später in Bern. Sie trat für die sogenannte »Neue Ethik« ein, der zufolge Frauen nicht nur für die Fortpflanzung und Befriedigung männlicher Lust da sind, sondern auch ihre weibliche Sexualität leben sollten. Zwischen 1914 und 1933 machte sie sich einen Namen auch als Pa-

zifistin. Sie floh vor den Nazis in die USA, wo sie mittellos an Krebs starb.

EDITH STEIN (1891–1942). Die deutsche Philosophin wuchs in einer jüdischen Familie auf. Sie belegte Vorlesungen bei Edmund Husserl in Göttingen, dessen Assistentin sie wurde. Bei ihm promovierte sie auch, doch blieb ihr als Frau die Habilitation und damit die wissenschaftliche Laufbahn verwehrt. Diese Erfahrung trug dazu bei, dass sie sich vehement für Frauenrechte einsetzte. Von 1922–1933 arbeitete sie als Dozentin. 1922 ließ sie sich katholisch taufen. Nach 1933 durfte sie nicht mehr veröffentlichen oder lehren. Sie trat als Ordensfrau in den Kölner Karmel ein, flüchtete später nach Holland, wurde dort von der Gestapo verhaftet, nach Auschwitz verschleppt und ermordet.

HILDEGARD WEGSCHEIDER (1871–1953), deutsche Schulreformerin und Frauenrechtlerin, wuchs in Berlin in einem liberalen Elternhaus auf, trat mit zweiundzwanzig der SPD bei und legte 1894 als erste Frau in Preußen – mit Sondergenehmigung – das Abitur ab. Sie promovierte zum Doktor der Philosophie – als eine der ersten Frauen an einer deutschen Univerität – und gründete 1900 in Berlin die erste private Mädchenschule mit gymnasialem Unterricht. 1921–1933 war sie Mitglied des Preußischen Landtages, wo sie für weltliche Gemeinschaftsschulen stritt. Im Sommer 1933 wurde sie zwangspensioniert – mit gekürzten Bezügen. Sie blieb aktiv und versteckte Verfolgte. 1952 erhielt sie das Bundesverdienstkreuz 1. Klasse.

ILLUSTRIERT VON FRANZISKA RUFLAIR

MINNA CAUER

1. NOVEMBER 1841–3. AUGUST 1922

Die Pfarrerstochter aus dem brandenburgischen Städtchen Freyenstein besuchte eine Höhere Töchterschule; weitergehende Bildung wurde ihr als Frau allerdings verwehrt. 1862 heiratete sie, doch der Ehemann starb bereits vier Jahre später, kurz darauf auch noch der Sohn. Da krempelte sie ihr Leben um, machte eine Ausbildung zur Lehrerin, ging für ein Jahr nach Paris und heiratete 1869 erneut. 1881 starb auch der zweite Ehemann, und sie begann Artikel über Frauen zu veröffentlichen. 1888 gründete sie in Berlin den Verein »Frauenwohl«. Sie war jetzt zu einer vehementen Streiterin für die Gleichstellung der Frau in Beruf und Politik und für die Verbesserung der sozialen Lage alleinerziehender Mütter geworden. 1895 gründete sie die Zeitschrift *Die Frauenbewegung*, 1898 veröffentlichte sie ihre Studie *Die Frau im 19. Jahrhundert*, und 1902 war sie Mitbegründerin des Deutschen Vereins für Frauenstimmrecht. Schon bald nach Ausbruch des Ersten Weltkrieges veröffentlichte die engagierte Pazifistin trotz aller Strafandrohungen Antikriegsaufrufe.

Kristina Gehrmann: Ich fand Geschichte schon immer faszinierend und habe mich auf historische Themen spezialisiert. Daher war Minna Cauer als Vorkämpferin für Gleichberechtigung vor hundert Jahren für mich besonders interessant.

»DIE FRAU GEHÖRT NICHT INS HAUS, SIE GEHÖRT IN DEN REICHSTAG.«

+++ 1850 »Politischen Vereinen ist die Aufnahme von Frauenspersonen, Schülern, Lehrlingen verboten ...« (§ 8 des preußischen Vereinsgesetzes, gültig bis 1908) +++ 1865 Luise Otto-Peters und andere gründen in

ILLUSTRIERT VON KRISTINA GEHRMANN

Leipzig den Allgemeinen Deutschen Frauenverein, der unter anderem das Recht der Frauen einfordert, zu arbeiten und frei ihren Beruf zu wählen +++

BERTHA BENZ

3. MAI 1849–5. MAI 1944

Sie kam aus einer wohlhabenden Familie aus Pforzheim; »leider wieder nur ein Mädchen«, hatte ihr am technischen Fortschritt interessierter Vater in die Familienbibel geschrieben. Sie besuchte die Höhere Töchterschule in Pforzheim und tauschte danach ihr bürgerliches Leben gegen ein unsicheres an der Seite des mittellosen Carl Benz ein. Sie war es, die durch ihr unternehmerisches, technisches und finanzielles Engagement (sie hatte sich 1871 ihre Mitgift auszahlen lassen), die Voraussetzungen für die Entwicklung des Benz-Patent-Motorwagens schuf. Bertha Benz war von der Idee des pferdelosen Wagens überzeugt. Die Familie steckte alles Geld und alle Kraft in diese Vision. Fast 20 Jahre dauerte es, bis es soweit war: Am 29. Januar 1886 bekam Carl Benz das Patent für den Motorwagen. Doch niemand wollte das unbekannte Gerät kaufen, deshalb wagte Bertha Benz 1888 die erste motorisierte Überlandfahrt und fuhr mit ihren beiden Söhnen von Mannheim nach Pforzheim, um ihre Eltern zu besuchen. Eine Sensation, die dem Automobil mit zum Durchbruch verhalf.

Christine Rösch: Für mich ist Bertha Benz als sehr frühe Vertreterin von »Frauen und Technik« und durch ihren Tatendrang sehr inspirierend.

> **»EINE FRAU AM STEUER IST EIN MENSCH,**
> **DER ALLE VERKEHRSVORSCHRIFTEN GENAU BEFOLGT**
> **UND DAFÜR BESCHIMPFT WIRD, DASS ER EINEN**
> **MANN BEHINDERT, DER SIE NICHT BEFOLGT.«**

+++ 1865 Der Lette-Verein wird gegründet, dessen Ziel allein die Förderung der berufstätigen Frau ist +++ 1878 In der Gewerbeordnung des Deutschen Reichs wird der Mutterschutz erstmalig geregelt. Demnach

BRUM
BRUM

ILLUSTRIERT VON CHRISTINE RÖSCH

MARIE STRITT

18. FEBRUAR 1855–16. SEPTEMBER 1928

Die älteste von zehn Geschwistern wuchs in Siebenbürgen in einer deutschsprachigen Rechtsanwaltsfamilie auf. Ihre Mutter, Therese Bacon, war bereits frauenpolitisch bewegt und führte sie um 1890 in die Dresdener Frauenbewegung ein. Marie nahm Schauspielunterricht in Wien, debütierte am Hoftheater in Karlsruhe, heiratete 1879 den Opernsänger Albert Stritt, bekam zwei Kinder. 1889 nahm sie Abschied von der Bühne, ließ sich in Dresden nieder und wandte sich der Frauen- und Rechtspolitik zu. 1894 gründete sie den Rechtsschutzverein für Frauen in Dresden und hielt in ganz Deutschland Vorträge zur Stellung der Frau. Sie gilt als eine der besten Rednerinnen der älteren Frauenbewegung, das verdankte sie wohl auch ihrer Stimmschulung als Schauspielerin. Sie war Vorsitzende des Bundes Deutscher Frauenvereine, später des Deutschen Verbandes für Frauenstimmrecht. Nach Einführung des Frauenstimmrechts wirkte sie 1920–1922 als Stadträtin in Dresden. Ihrer politischen Haltung nach stand sie den radikalen Positionen der Frauenrechtlerinnen näher als den gemäßigten.

Barbara Jung: Marie Stritt habe ich ausgesucht, weil sie als eine der bekanntesten Vertreterinnen der bürgerlichen Frauenbewegung Anfang des 20. Jahrhunderts gilt. Sie teilte eine radikale Haltung in Bezug auf Frauenstimmrecht, Geburtenkontrolle und das Abtreibungsverbot.

»VON ALLEN TÖRICHTEN VERALLGEMEINERNDEN VORURTEILEN ÜBER DIE FRAUEN SCHEINT MIR KAUM EINES SO TÖRICHT WIE DIE AUFFASSUNG DER HAUSWIRTSCHAFT ALS ANGESTAMMTER ›NATÜRLICHER BERUF‹ DER FRAU.«

+++ 1882 Gründung der ersten Kranken- und Sterbekasse für Frauen und Mädchen im Deutschen Reich
+++ 1883 Mit der Gründung des Vereins der Mantelnäherinnen in Berlin entsteht die erste Frauengewerk-

ILLUSTRIERT VON BARBARA JUNG

schaft in Deutschland. Weitere Arbeiterinnenvereine entstehen auch in Düsseldorf, Frankfurt a. M., Mainz, Gera und Halle +++

CLARA ZETKIN

5. JULI 1857–20. JUNI 1933

Ihr Vater war Dorfschullehrer in Wiederau und ihre Mutter stand mit Pionierinnen der damals entstehenden Frauenbewegung in Kontakt und gründete einen Verein für Frauengymnastik. 1872 zog die Familie nach Leipzig, um den Kindern eine bessere Ausbildung zukommen zu lassen und Clara ließ sich zur Volksschullehrerin ausbilden und arbeitete als Hauslehrerin. 1878 trat sie der Sozialistischen Arbeiterpartei Deutschlands bei, 1890 der SPD. Die sozialistische deutsche Politikerin, Friedensaktivistin und Frauenrechtlerin hielt 1889 ein berühmtes Referat, in dem sie die Forderungen der bürgerlichen Frauenbewegung nach Frauenwahlrecht, freier Berufswahl etc. kritisierte. Später revidierte sie diese Meinung und setzte sich vehement für das Frauenwahlrecht ein. 1910 initiierte sie, gemeinsam mit Käte Duncker, auf der Zweiten Sozialistischen Frauenkonferenz in Kopenhagen den Internationalen Frauentag – gegen den Widerstand männlicher Kollegen. 1915 organisierte sie in Bern die Internationale Konferenz sozialistischer Frauen gegen den Krieg. Bis 1917 war sie aktiv in der SPD, später in der KPD. Während der Weimarer Republik war sie von 1920–1933 Reichstagsabgeordnete, 1932 Alterspräsidentin des Parlaments. Den Nationalsozialismus nannte sie die »Strafe« für das Verhalten der deutschen Sozialdemokratie in der Novemberrevolution. Nach der Machtergreifung der Nazis ging sie ins politische Exil in der Sowjetunion und starb dort wenig später. **Janina Röhrig:** Ich habe Clara Zetkin porträtiert, weil sie sehr viel Mut, Scharfsinn, Hingabe, Durch- und Weitblick bewiesen hat, in einer Zeit, in der Frauen nichts zu sagen hatten.

»IN DER THEORIE SIND DIE GENOSSINNEN SCHON GLEICHBERECHTIGT, IN DER PRAXIS ABER HÄNGT DER PHILISTERZOPF DEN MÄNNLICHEN GENOSSEN NOCH EBENSO IM NACKEN WIE DEM ERSTEN BESTEN SPIESSBÜRGER.«

+++ 1885 Gertrude Guillaume-Schack gründet in einem Jahr sechzehn Arbeiterinnenvereine +++ 1889 Gründungskongress der Sozialistischen II. Internationale in Paris. Der Achtstundentag wird gefordert;

ILLUSTRIERT VON JANINA RÖHRIG

Emma Ihrer und Clara Zetkin führen einen Beschluss zur Gleichberechtigung der Frau herbei +++ Gründung des »Verbandes der weiblichen Angestellten e.V.« in Deutschland +++

ANITA AUGSPURG

22. SEPTEMBER 1857–20. DEZEMBER 1943

Sie wuchs, freiheitlich erzogen, in Verden auf. Nach der Schulzeit wurde sie Schauspielerin, führte ein Fotoatelier, studierte dann Jura in Zürich und wurde die erste promovierte deutsche Juristin. Ihr Spezialgebiet war das Familienrecht. Da im Kaiserreich allein der Ehemann über Vermögen, Wohnort und Berufstätigkeit seiner Frau entschied, forderte sie einen Boykott der staatlichen Ehe durch die Frauen – dieser Appell löste einen Skandal aus. 1902 gründet sie mit ihrer späteren Lebensgefährtin Lida Heymann den Deutschen Verein für Frauenstimmrecht. 1915 forderten beide die Allgemeine Abrüstung, 1923 beantragten sie beim bayerischen Innenminister die Ausweisung Adolf Hitlers wegen Volksverhetzung. So gerieten sie früh auf die schwarze Liste der Nazis. Von einer Auslandsreise 1933 kehrten sie wohlweislich nicht zurück. Zehn Jahre später starben sie beide in Zürich.

Rotraut Susanne Berner: Man kann über diese Frau nur staunen. Welchen Mut, welche Energie, und was für eine Haltung sie gehabt haben muss, kann man alleine an der Liste ihrer Berufe, Leidenschaften und Engagements ablesen. Sie lebte offen ihre Liebe zu Frauen und muss eine außergewöhnliche Erscheinung gewesen sein, mit Kurzhaarschnitt und avantgardistischer Kleidung. Darum habe ich Anita Augspurg ausgewählt, auch weil sie heutzutage erstaunlicherweise gar nicht mehr so bekannt ist.

> »DIE FRAUENFRAGE IST ... IN ALLERERSTER LINIE ...
> EINE RECHTSFRAGE, WEIL NUR VON DER GRUNDLAGE
> VERBÜRGTER RECHTE ... AN IHRE SICHERE LÖSUNG
> ÜBERHAUPT GEDACHT WERDEN KANN.«

+++ 1891 Erstes Arbeiterinnenschutzgesetz im Deutschen Reichstag: Verbot der Frauenarbeit unter Tage, 11-Stunden-Tag für Frauen sowie vier Wochen bezahlte Ruhepause nach der Entbindung +++

ILLUSTRIERT VON ROTRAUT SUSANNE BERNER

+++ 1890 Gründung des Arbeiterinnen-Bildungsvereins in Wien +++ 1891 Am 12. März wird in einer Reichs-tagssitzung die Zulassung von Frauen zum Universitätsstudium verweigert +++

LOU ANDREAS-SALOMÉ

12. FEBRUAR 1861–5. FEBRUAR 1937

Die Generalstochter wuchs in Sankt Petersburg auf und ging, 17-jährig, mit der Mutter zum Studium nach Zürich. In Rom lernte sie Paul Rée und Friedrich Nietzsche kennen. Beide verliebten sich in sie. Sie lehnte ihre Anträge zwar ab, ging aber 1882 mit Rée nach Berlin, wo sie gemeinsam in einer Wohnung lebten: ein Skandal. Sie verkehrte in einem Kreis von Gelehrten und Künstlern und brachte sich mit schriftstellerischer Arbeit durch. Ihre 1887 geschlossene Ehe mit dem Iranisten Friedrich Carl Andreas blieb eine rein geistige Verbindung. Sie war mit fast allen Frauenrechtlerinnen der Zeit bekannt: ihre selbstbestimmte Lebensführung gefiel den Feministinnen. Seit 1911 beschäftigte sie sich mit der Psychoanalyse und ging zu Freud nach Wien, um sie aus erster Hand zu erlernen. Von 1913 an war sie in Göttingen als Psychoanalytikerin tätig. Fast ein Vierteljahrhundert wechselte sie Briefe mit Freud und seiner Tochter Anna. 1930 starb Friedrich Carl Andreas. Lou wohnte nun allein in dem Göttinger Haus. Versorgt wurde die Kranke bis zu ihrem Tod von Mariechen Apel, der Tochter ihrer ehemaligen Wirtschafterin und ihres Mannes Friedrich Carl. Mariechen war auch Lous Haupterbin.

Florence Dailleux: Ich war vielleicht achtzehn Jahre alt, als ich Lou Andreas Salomé für mich entdeckte. Ja, ich war schon damals von ihrer – zu jener Zeit unerhörten – provokanten Selbstständigkeit fasziniert.

»SOFERN DU WILLST EIN LEBEN HABEN:

RAUBE DIR'S!«

ILLUSTRIERT VON FLORENCE DAILLEUX

RICARDA HUCH

18. JULI 1864–17. NOVEMBER 1947

Die Philosophin und Historikerin wuchs in Braunschweig auf, ging in Begleitung ihres Bruders nach Zürich, um das Abitur abzulegen – was Frauen in Deutschland zu der Zeit noch verwehrt wurde. Dort begann sie ihr Studium der Geschichte, Philosophie und Philologie und wurde 1892 als eine der ersten deutschen Frauen im Fach Geschichte promoviert. 1893 erschien ihr erster großer Roman. In der Folgezeit durchlitt sie zwei unglückliche Ehen, bekam eine Tochter und eroberte eine Männer-Domäne: die Geschichtsschreibung. Sie schrieb u. a. über Garibaldi, Bakunin, die Revolutionen von 1848 und den Dreißigjährigen Krieg. 1930 wurde die Schriftstellerin als erste Frau in die Preußische Akademie der Künste aufgenommen, doch schon 1933 erklärte sie ihren Austritt wegen des Ausschlusses jüdischer und politisch unliebsamer Mitglieder. Zwei Bände ihrer *Deutschen Geschichte* konnten noch erscheinen, der dritte Band nicht. Ein besonderes Verdienst hat sie sich erworben, indem sie die Lebensläufe von Männern und Frauen im Widerstand gegen den Nationalsozialismus niederschrieb. Das Werk wurde erst nach ihrem Tod veröffentlicht. Für ihren 1946 veröffentlichten Aufruf *Für die Märtyrer der Freiheit* erhielt sie jedoch noch zu Lebzeiten Schmähbriefe bis hin zu Morddrohungen.

Franziska Ludwig: Für Ricarda Huch mit ihrem Ehrgeiz, ihrer unfassbar produktiven intellektuellen Vielseitigkeit wie auch für ihr turbulentes Leben, das oft Umwege nahm – und das als Kind des ausklingenden 19. Jahrhunderts – empfinde ich große Bewunderung.

»UM WIRKLICH GLÜCKLICH ZU SEIN,

BRAUCHT MAN EINEN MENSCHEN, DEN MAN LIEBT,

EINE AUFGABE UND EINE GROSSE HOFFNUNG.«

+++ 1900 Das deutsche Bürgerliche Gesetzbuch tritt in Kraft und schreibt die althergebrachte Ordnung fest: Dem Ehemann kommt das Entscheidungsrecht in allen Fragen des Ehe- und Familienlebens zu +++

ILLUSTRIERT VON FRANZISKA LUDWIG

+++ 1901 Baden ist das erste deutsche Land, in dem Mädchen höhere Jungenschulen besuchen und sich an Hochschulen unter den gleichen Bedingungen wie Männer immatrikulieren können +++

KÄTHE KOLLWITZ

8. JULI 1867–22. APRIL 1945

Sie wuchs in Königsberg in gutbürgerlichen Verhältnissen auf, der Vater erkannte ihre Begabung früh. Schon als junges Mädchen interessierte sie sich für die Welt der Arbeiter. Sie studierte erst an der Künstlerinnenschule in Berlin, danach ging sie zum Malstudium nach München, wo erste Radierungen entstanden. Durch ihren Mann, einen Armenarzt in Berlin, landete sie endgültig in einem Umfeld, das ihr soziales Engagement als Künstlerin prägen sollte. Ihre Söhne wurden 1892 und 1896 geboren. Ihre erste Grafikfolge war *Ein Weberaufstand* (1893–1898); bis 1908 arbeitete sie an der Radierfolge *Bauernkrieg*. Ihr jüngerer Sohn kam 1914 in Flandern ums Leben, und sie begann die Arbeit an einem Mahnmal für ihn. 1919 wurde sie als erste Frau in die Preußische Akademie der Künste aufgenommen und zur Professorin ernannt. 1933 musste sie abtreten, 1939 erhielt sie Ausstellungsverbot. Und kurz vor ihrem Tod musste sie, die Wohnung war ausgebombt, noch nach Sachsen umsiedeln. In ihrem Werk hat sie stets Partei ergriffen für die Geknechteten, die Armen und Kranken und die Opfer des Krieges.

Irene Berg: Ich habe mir Käthe Kollwitz ausgesucht, weil die Ausdrucksstärke und Botschaft ihrer Werke für mich einfach überwältigend sind.

> **»ICH BIN EINVERSTANDEN DAMIT, DASS MEINE KUNST ZWECKE HAT. ICH WILL WIRKEN IN DIESER ZEIT, IN DER DIE MENSCHEN SO RATLOS UND HILFSBEDÜRFTIG SIND.«**

+++ 1905 Die evangelisch-reformierte Kirche des Kantons Zürich führt das passive Frauenwahlrecht ein +++ 1908 Das neue Reichsvereinsgesetz lässt Frauen zu politischen Vereinen zu +++ 1910 Internationaler

ILLUSTRIERT VON IRENE BERG

Frauenkonferenz in Kopenhagen: Einführung des »Internationalen Frauentags«. Forderungen: 8-Stunden-tag, gleicher Lohn für gleiche Arbeit, Urlaub für Schwangere, Gleichstellung der Frau im Arbeitsschutz +++

ELSE LASKER-SCHÜLER

11. FEBRUAR 1869–22. JANUAR 1945

Die jüdische Dichterin wuchs in Elberfeld auf und gilt als herausragende Vertreterin der avantgardistischen Moderne und des Expressionismus. Als Prinzessin Tino von Bagdad und Prinz Jussuf von Theben machte sie sich zwischen 1899 und 1933 zu einer der ungewöhnlichsten Figuren der Berliner Bohème. 1919 begann der Verlag Paul Cassirer mit einer 10-bändigen Gesamtausgabe ihrer Gedichte und Prosatexte. 1932 erhielt sie den Kleist-Preis. So exzentrisch ihre Erscheinung war, so hart musste sie nach zwei Scheidungen dafür arbeiten, als Dichterin und alleinerziehende Mutter ihres geliebten, früh verstorbenen Sohnes mit Leseauftritten und Veröffentlichungen ihren Lebensunterhalt zu verdienen. Im Exil in der Schweiz und in Jerusalem schrieb die inzwischen mittellose vereinsamte Künstlerin ihren vielleicht schönsten Gedichtzyklus *Mein blaues Klavier*. Den Traum von einer Versöhnung zwischen Deutschen und Juden gab sie nie auf.

Constanze Guhr: Die Gedichte von Else Lasker-Schüler haben mich schon seit meiner Jugend begleitet und beeindruckt. Ich sehe immer sofort Bilder und Farben vor mir. Manchmal stelle ich mir vor, wie sie durch Berlin läuft oder im Café sitzt und arbeitet.

»DIE LIEBE IST EIN VON ALLERHÖCHSTEN HÖHEN GEWEIHTER ZUSTAND, DEN MAN WIE DUFT ÜBER SICH KOMMEN LASSEN SOLLTE.«

+++ 1910 In Österreich verlieren die Brotherren das Recht, ihre Hausangestellten zu züchtigen +++ 1910 In Österreich nehmen die höheren staatlichen gewerblichen Lehranstalten erstmals Mädchen auf +++

Else Lasker-Schüler
AN DEN GRALPRINZEN

Wenn wir uns ansehen,
Blühn unsere Augen.

Und wie wir staunen
Vor unseren Wundern – nicht?
Und alles wird so süß.

Von Sternen sind wir eingerahmt
Und flüchten aus der Welt.

Ich glaube wir sind Engel.

ILLUSTRIERT VON CONSTANZE GUHR

+++ 1913 4,3% der Studierenden in Deutschland sind Studentinnen +++ 1914–1918 Im Ersten Weltkrieg
ersetzen immer mehr Frauen die zum Kriegsdienst einberufenen Männer an ihren Arbeitsplätzen +++

ROSA LUXEMBURG

5. MÄRZ 1871–15. JANUAR 1919

Sie wuchs in Warschau auf. Schon als Gymnasiastin schloss sie sich der sozialistischen Bewegung »Proletariat« an. Sie entzog sich einer drohenden Verhaftung durch Flucht in die Schweiz und promovierte dort in Volkswirtschaft. 1898 kam sie nach Berlin und wurde Mitglied der SPD. Die feurige Agitatorin und brillante Journalistin war gleichzeitig als Frau, als Jüdin und als leicht körperlich Behinderte dreifach stigmatisiert. Sie lehrte an der Parteischule der SPD in Berlin und reiste als schlagfertige Debattenrednerin durch Deutschland. Mit ihrer bedingungslosen Haltung gegen den Krieg trug sie zur Spaltung der SPD bei. Wegen ihrer Aufrufe zur Befehlsverweigerung verbrachte sie ab 1914 die meiste Zeit im Gefängnis. Am 1. Januar 1919 war sie beim Gründungsparteitag der KPD dabei, deren erstes Programm aus ihrer Feder stammte.

Am 5. Januar begann der Spartakusaufstand, der nach einer Woche blutig niedergeschlagen wurde. Trotzig schrieb sie am 14. Januar 1919 über die Revolution: *Ich war, ich bin, ich werde sein.* Einen Tag später wurde sie, zusammen mit Karl Liebknecht, von einem Freikorpskommando ermordet. Die Leichen wurden in den Landwehrkanal geworfen. Die Mörder blieben straflos.

Jutta Bauer: Rosa Luxemburg ist bekannt als Kämpferin gegen Militarismus, Nationalismus und für Kommunismus. Was ich in Rosa Luxemburg sehe, ist aber auch eine ungeheuer feinsinnige, kluge, lebendige Frau, die so gefährlich war, dass sie von militanten Männern ermordet werden »musste«. Der Text, der meinem Bild zugrunde liegt, ist der Brief, den sie als politische Gefangene aus der Festungshaft am 6. Juli 1917 an Hans Diefenbach schrieb.

»FREIHEIT IST IMMER FREIHEIT

DER ANDERSDENKENDEN.«

Ich möchte laut über die Mauer hinausrufen: O bitte, beachten Sie doch diesen herrlichen Tag! ... Beachten Sie doch den Glanz und die Herrlichkeit, die auf diesem Tage liegen, denn dieser Tag kommt nie, nie wieder! Er ist Ihnen geschenkt wie eine voll aufgeblühte Rose, die zu Ihren Füßen liegt und darauf wartet, dass Sie sie aufheben und an Ihre Lippen drücken.

Rosa Luxemburg

1917 aus der Festungshaft

ILLUSTRIERT VON JUTTA BAUER

verabschiedet worden. Prostituierte bleiben jedoch vom Frauenwahlrecht ausgenommen +++ 1919 Gründung der Arbeiterwohlfahrt (AWO), Vorsitzende bis 1933 ist Marie Juchacz +++

GERTRUD BÄUMER

12. SEPTEMBER 1873–25. MÄRZ 1954

Sie wuchs in Pommern auf, besuchte die Höhere Töchterschule und absolvierte das Lehrerinnenseminar in Magdeburg. Von 1894 an unterrichtete sie an Volksschulen und setzte sich beim »Allgemeinen Deutschen Lehrerinnenvereins« (ADLV) für eine verbesserte Mädchenbildung ein. Dort lernte sie Helene Lange kennen; daraus entwickelte sich eine Lebensgemeinschaft, die bis zu Langes Tod hielt. Nach einem Oberlehrerinnenstudium und einem Studium der Germanistik, Theologie, Philosophie und Nationalökonomie promovierte Bäumer 1904. Gemeinsam mit Helene Lange gab sie das *Handbuch der Frauenbewegung* heraus, und 1916 wurde sie Herausgeberin der Zeitschrift *Die Frau*, des Organs der bürgerlichen Frauenbewegung. Von 1910–1919 war sie Vorsitzende des »Bundes Deutscher Frauenvereine« (BDF); von 1917–1920 leitete sie gemeinsam mit Marie Baum das »Sozialpädagogische Institut« in Hamburg, und nach dem Ersten Weltkrieg zog sie für über 20 Jahre in die Weimarer Nationalversammlung ein. Die Nazis enthoben sie 1933 »wegen Unzuverlässigkeit in der Frauenpolitik« aller Ämter, und sie zog von Berlin ins schlesische Gießmannsdorf. Während dieser Zeit entstand ihr wohl bekanntestes Werk *Adelheid – Mutter der Königreiche*. Gegen Kriegsende flüchtete sie nach Bamberg und war dort Gründungsmitglied der Christlich-Sozialen Union (CSU).

Carolin Löbbert: Mich beeindrucken die Frauen, die sich als Vorkämpferinnen für die Bildung der Frauen und für das Frauenrecht eingesetzt haben, in einer Zeit, in der dies überhaupt noch nicht selbstverständlich war. Daher war es für mich eine Freude und Ehre, ein Porträt von Gertrud Bäumer zu zeichnen.

»ES GIBT WOHL KAUM EINE FRAGE …,

DIE MIT SO GERINGER KENNTNIS IHRER GRUNDLAGEN

DISKUTIERT WIRD, WIE DIE FRAUENFRAGE.«

+++ 1919 Nach der österreichischen Wahlordnung vom 18. Dezember müssen Frauen ihre Wahlzettel in andersfarbige Kuverts stecken als Männer – so kann ihr Wahlverhalten beobachtet werden +++ 1919 In der

ILLUSTRIERT VON CAROLIN LÖBBERT

Weimarer Verfassung vom 01.08.1919 ist die Gleichberechtigung der Frauen festgeschrieben. In Artikel 109 Abs. 2 heißt es: »Männer und Frauen haben grundsätzlich dieselben Rechte und Pflichten« +++

CÉCILE VOGT

27. MÄRZ 1875–4. MAI 1962

Sie war eine französisch-deutsche Neuro-login und bedeutende Hirnforscherin. Sie wuchs in Obersavoyen auf und promovierte in Paris. 1899 heiratete sie den deutschen Hirnforscher Oskar Vogt und bekam zwei Kinder. 1902 gründete er an der Berliner Universität das Neurobiologische Laboratorium, in dem sie – unbezahlt – an seiner Seite arbeitete und forschte. Von 1919–1937 war sie dort Abteilungsleiterin, ihr Mann von 1930–1937 Direktor. Weil sich die Vogts nicht von Kommunisten und Juden distanzierten, verloren sie auf Druck der Nazis ihre Stellen und übersiedelten nach Neustadt im Schwarzwald, wo sie ein privates Institut für Hirnforschung und allgemeine Biologie aufbauten. Nach dem Tod ihres Mannes 1959 zog Cécile zu ihrer ältesten Tochter nach Cambridge. Ihre wissenschaftlichen Leistungen wurden kaum angemessen gewürdigt, da sie stets als Mitarbeiterin ihres Mannes galt. Zwar war sie 13 Mal für den Medizin-Nobelpreis nominiert – als erste Frau überhaupt –, erhalten hat sie die Auszeichnung nicht.

Tessa Rath: Mich fasziniert Cécile Vogt, die es schaffte, ihre Leidenschaft für die Wissenschaft zu leben – in einer Zeit, in der das ganz und gar nicht selbstverständlich war. Sie war hochgebildet und gilt als Wegbereiterin für Frauen in der Wissenschaft.

»JEDENFALLS KANN MAN AUF GRUND DES HEUTIGEN STANDES DER HIRNFORSCHUNG DIE FRAU ALS SOLCHE VON KEINEM BERUF AUSSCHLIESSEN.«

+++ 1919 reichen 158 Frauenverbände in der Schweiz eine Petition an den Nationalrat ein, um die Bemühungen zur Einführung des Frauenwahlrechts zu unterstützen. Der überweist die Angelegenheit an den

ILLUSTRIERT VON TESSA RATH

GABRIELE MÜNTER

19. FEBRUAR 1877–19. MAI 1962

Ihre Jugend verbrachte sie in Herford und Koblenz, bevor sie in Düsseldorf und München Kunst studierte. In München lernte sie Wassily Kandinsky kennen und lieben. Gemeinsame Studienreisen führten beide zwischen 1903–1908 durch Europa und bis Nordafrika. Danach verbrachten sie mit russischen Malerkollegen die Sommer in Murnau am Staffelsee. 1909 kaufte Gabriele Münter von ihrem Erbe ein Haus in Murnau (das heutige Museum Münter-Haus), das sie zusammen mit Kandinsky nutzte; es war ein Treffpunkt der künstlerischen Avantgarde. Der Erste Weltkrieg beendete diese künstlerisch fruchtbare Zeit. Kandinsky trennte sich von ihr, darauf stürzte sie in eine jahrelange Schaffenskrise. 1928 lernte sie Johannes Eichner kennen, der sie zu einem künstlerischen Neubeginn motivieren konnte; und damit begann ab 1931 in Murnau ihre zweite, äußerst produktive, Schaffensphase. Früher wurde Münters Name ausschließlich mit dem von Kandinsky verbunden. Doch nach 1945 ehrte man auch sie als eine Wegbereiterin der Moderne und eigenständige Vertreterin des Expressionismus. Viele Jahre hatte sie um diese Anerkennung ihres Wirkens gekämpft.

Nicola Koch: »Ich male mir meine Welt so bunt wie sie mir gefällt!« Unter diesem Motto könnte man Gabriele Münters expressive Farbigkeit sehen, die auch sehr meiner eigenen Farbigkeit in meiner Malerei entspricht. Ich habe mich schon früh für den Expressionismus begeistert.

»MEINE SACHE IST DAS SEHEN,

DAS MALEN UND ZEICHNEN,

NICHT DAS REDEN.«

+++ 1919–1920 In den Demobilmachungsverordnungen in Deutschland werden die Unternehmer angewiesen, zur Integration der entlassenen Soldaten in die Wirtschaft Frauen nach einer Dringlichkeits-

ILLUSTRIERT VON NICOLA KOCH

LISE MEITNER

17. NOVEMBER 1878–27. OKTOBER 1968

Sie wuchs in Wien auf und bereitete sich privat auf die Matura an einem Jungengymnasium vor. 1902 begann sie als eine der ersten Frauen in Wien ihr Studium der Physik, Mathematik und Philosophie. 1906 promovierte sie dort als zweite Frau in Physik. 1907 ging sie nach Berlin und forschte, gemeinsam mit dem Chemiker Otto Hahn, zur Radioaktivität. 1922 erhielt sie das Recht, Vorlesungen an der Berliner Universität zu halten. Einige Zeitungen »witzelten«, ihre Antrittsrede zur kosmischen Physik habe *Probleme der kosmetischen Physik* behandelt. 1926 wurde sie Leiterin der physikalisch-radioaktiven Abteilung des Kaiser-Wilhelm-Instituts für Chemie in Berlin-Dahlem. 1933 wurde ihr wegen ihrer jüdischen Herkunft die Lehrbefugnis entzogen. 1938 floh sie, buchstäblich in letzter Minute, vor den Nazis nach Schweden; stand jedoch weiterhin in engem Briefkontakt zu Otto Hahn. Er berichtete ihr von einer Entdeckung, die er das »Zerplatzen« eines Urankerns nannte und sich nicht richtig erklären konnte. Das gelang kurz darauf Lise Meitner und ihrem Neffen Otto Robert Frisch: Es handelte sich um Kernspaltung. Dass es so etwas geben könnte, hatte 1934 übrigens auch eine Frau, die Chemikerin Ida Noddack, als erste vermutet. Meitner weigerte sich, in den USA an der Konstruktion einer Atombombe teilzunehmen und blieb in Stockholm. Nach dem Krieg erhielt sie zahlreiche Auszeichnungen, doch die größte blieb ihr verwehrt: Für die Entdeckung der Kernspaltung wurde allein Otto Hahn mit dem Nobelpreis ausgezeichnet.

Seda Demiriz: Lise Meitner war in der Öffentlichkeit scheu, soll aber in Gesellschaft quirlig und schlagfertig gewesen sein. Ich kann mir gut vorstellen, dass man mit ihr stundenlang über ihr interessantes Leben plaudern konnte.

»HÄHNCHEN, SEI STILL,
VON PHYSIK VERSTEHST DU NICHTS!«

+++ 1923 Margarete von Wrangell wird am 12. März die erste ordentliche Professorin in Deutschland und erhält den Lehrstuhl für Pflanzenernährung an der Universität Hohenheim bei Stuttgart +++

ILLUSTRIERT VON SEDA DEMIRIZ

+++ 1927 Olga Rudel-Zeynek wird Vorsitzende des österreichischen Bundesrats und damit weltweit erste Vorsitzende einer Parlamentskammer +++

ELLY HEUSS-KNAPP

25. JANUAR 1881–19. JULI 1952

Elly und ihre Schwester wurden vom Vater allein aufgezogen, die Mutter war im Sanatorium. Sie wurde Lehrerin. Doch nach kurzer Lehrtätigkeit entschloss sie sich 1905, Volkswirtschaftslehre zu studieren und begann erste politische Vorträge zu halten, insbesondere zu den Themen Tarifverträge und Mindestlöhne. 1908 heiratete sie den Journalisten und späteren Bundespräsidenten Theodor Heuss. 1910 veröffentlichte sie ihr erstes Buch: *Bürgerkunde und Volkswirtschaftslehre für Frauen*, im selben Jahr kam ihr Sohn zur Welt. Während des Ersten Weltkriegs gründete sie eine Arbeitsbeschaffungsstelle für Frauen, deren Männer im Krieg waren. Ihre politische Tätigkeit in der Deutschen Demokratischen Partei wurde ab 1933 von den Nationalsozialisten unterbunden. Da ihr Mann Berufsverbot erhielt, ernährte sie als Werbefachfrau die Familie. Sie erfand den Jingle in der Radiowerbung und ließ sich diese Idee patentieren. Nach Kriegsende wurde sie Mitglied des württembergisch-badischen Landtags und 1949 die erste »First Lady« Deutschlands. Ihr bekanntestes Vermächtnis ist das Müttergenesungswerk, das sie 1950 gründete.

Kristina Heldmann: Ich habe Elly Heuss-Knapp porträtiert, die Emanzipation mit Kreativität, Fürsorge und Humor vereinte. Was für eine tolle Frau!

»FRAUEN WERBT UND WÄHLT,

JEDE STIMME ZÄHLT!

JEDE STIMME WIEGT,

FRAUENWILLE SIEGT!«

+++ 1933 Der Bund Deutscher Frauenvereine löst sich selbst auf, um der Zwangsauflösung durch die Nazis zuvor zu kommen +++ 1934 In Österreich wird die Demokratie abgeschafft und ein katholischer Stän-

ILLUSTRIERT VON KRISTINA HELDMANN

destaat errichtet. Es gibt keine Frauen mehr in politischen Ämtern; die Berufs- und Bildungsmöglichkeiten für Frauen werden eingeschränkt, Lehrerinnen müssen ihren Beruf aufgeben, wenn sie heiraten +++

EMMY NOETHER

23. MÄRZ 1882–14. APRIL 1935

Sie wuchs in Erlangen auf, wo ihr Vater Mathematik lehrte. 1903 begann sie ihr Studium in München, nachdem bayerische Universitäten erstmals Frauen zugelassen hatten. Ab 1904 studierte sie in Erlangen als einzige Frau unter 47 Mathematikstudenten und promovierte 1907. Danach lehrte und forschte sie acht Jahre lang unentgeltlich in Erlangen. 1915 stellte sie einen Antrag auf Habilitation, ein Novum in Deutschland. Nach heftigen Kontroversen in der Fakultät verbot das Ministerium die Zulassung. Nach der Einführung des Frauenwahlrechts durfte sie endlich ihre Habilitationsschrift einreichen und erhielt 1922 den Titel »außerordentlicher Professor«. Doch es dauerte noch ein Jahr, bis sie endlich ihren ersten bezahlten Lehrauftrag bekam. 1933 entzogen die Nazis ihr, die aus einer jüdischen Familie stammte, die Lehrerlaubnis. Sie emigrierte in die USA und erhielt eine Gastprofessur am Women's College Bryn Mawr in Pennsylvania. Ein Jahr später verstarb sie nach einer Operation. Die Mathematikerin und Physikerin ist eine der bedeutendsten Wissenschaftlerinnen des 20. Jahrhunderts.

Britta Teckentrup: Emmy Noether habe ich mir ausgesucht, weil sie eine der wenigen Frauen ist, die sich im frühen 20. Jahrhundert gegen alle Widerstände in der Wissenschaft einen Namen gemacht hat und grundlegende Beiträge zur abstrakten Algebra und theoretischen Physik lieferte.

> »... DAS BEDEUTENDSTE SCHÖPFERISCHE, MATHEMATISCHE GENIE SEIT DER EINFÜHRUNG DER HÖHEREN BILDUNG FÜR FRAUEN.«

ALBERT EINSTEIN IN SEINEM NACHRUF AUF EMMY NOETHER

+++ 1933–1940 gehen immer mehr deutsche Jüdinnen und Juden ins Exil, darunter zahlreiche Wissenschaftlerinnen, Künstlerinnen und Intellektuelle. Wer jedoch keine Beziehungen und vor allem nicht die

ILLUSTRIERT VON BRITTA TECKENTRUP

nötigen Geldmittel hat, muss zurückbleiben und ist damit in den meisten Fällen todgeweiht +++ 1936 Das NS-Regime erlässt ein Berufsverbot für Richterinnen sowie Staats- und Rechtsanwältinnen +++

KÄTHE KRUSE

17. SEPTEMBER 1883–19. JULI 1968

Sie wuchs als uneheliche Tochter einer Näherin in der Nähe von Breslau auf und hatte eine triste Kindheit. Früh ging sie nach Berlin und lernte Schauspielerei. Wohl am Theater lernte sie den dreißig Jahre älteren Bühnenbildner und Bildhauer Max Kruse kennen, der ihr Liebhaber und Vaterersatz wurde. Auf seinen Wunsch hin lebte sie, Mutter geworden, in der Künstlerkolonie auf dem Monte Verità bei Ascona. Die Töchter sollten gesund aufwachsen. »Macht euch selba welche!«, beantwortete er ihre Bitte, in Berlin, wo er lebte, eine Puppe für die Älteste zu besorgen. Das wurde zur Initialzündung für ihre Kreativwerkstatt. Immer bessere Puppen entstanden. Dann nahm sie in Berlin an der Ausstellung *Spielzeug aus eigener Hand* teil – »da war ich über Nacht eine berühmte Frau«. 1912 gründete sie in Bad Kösen ihre Puppenmanufaktur. Sie war eine auf höchste Produktionssorgfalt bedachte Chefin. »In der Nacht ... ging sie in die Werkstätte, nahm jede Puppe in die Hand und befestigte an den Körpern die von allen Mitarbeitern gefürchteten Zettelchen: ... »*Ach bester Herr Hirschfeld, ... die schielt wirklich, bitte ändern Sie das!*«, erinnerte sich Max Kruse, jüngstes der insgesamt acht Kinder. Keine Puppe verließ die Werkstätten ohne diese Endkontrolle. Nach dem Krieg gründeten zwei von Käthes Söhnen neue Werkstätten in Westdeutschland, und sie zog sich aus Altersgründen »sehr ungern« zurück.

Beate Fahrnländer: An Käthe Kruse fasziniert mich, wie sie Beruf und Familienalltag miteinander verbunden hat: Künstlerin, Geschäftsfrau und liebevolle Mutter in einer Person.

»PENSIONIERT SEIN IST GAR NICHT SCHÖN, KANN ICH IHNEN SAGEN, ICH WARNE DAVOR!«

+++ 1934–1935 Um die Arbeitslosigkeit unter den Männern zu senken, werden im Deutschen Reich die Möglichkeiten von Frauen, einer Erwerbsarbeit nachzugehen, eingeschränkt +++ Für Studentinnen gibt es

ILLUSTRIERT VON BEATE FAHRNLÄNDER

CLAIRE WALDOFF

21. OKTOBER 1884 –22. JANUAR 1957

Sie wurde als Clara Wortmann, elftes von sechzehn Kindern einer Gastwirtsfamilie, geboren. Ihr Wunsch, Ärztin zu werden, war finanziell nicht realisierbar, und so wurde sie Schauspielerin. 1907 kam sie nach Berlin, legte sich den Berliner Jargon zu und spezialisierte sich auf Gassenhauer und Chansons. Ihr Markenzeichen waren Krawatte, Hemdbluse und ein roter Bubikopf. 1917 lernte sie Olga von Roeder kennen, die bis zu ihrem Tod ihre Lebensgefährtin war. »Wir hatten beide das große Los aneinander gezogen«, schrieb Waldoff in ihren Memoiren. Das Paar war ein Mittelpunkt des lesbischen Lebens im Berlin der 1920er Jahre und führte einen Salon zum Gedankenaustausch für lesbische Frauen. Den Höhepunkt ihrer Karriere erreichte Claire Waldoff in der Mitte der 1920er Jahre. Sie trat in den großen Varietés auf, machte Tourneen durch Deutschland, wurde für Revuen engagiert und stand mit der noch unbekannten Marlene Dietrich auf der Bühne. Ihre Schallplattenverkäufe erreichten Rekordhöhen. Von den Nazis wurde sie jedoch zunehmend kaltgestellt. Nicht nur, dass diese die Refrainzeile ihres wohl bekanntesten Liedes, *Hermann heeßt er*, als staatsgefährdende Anspielung auf den Reichsminister Hermann Göring interpretierten, sondern auch ihr Drang nach Unabhängigkeit sowie ihr Liebesleben war ihnen suspekt. Ab 1939 lebte sie zurückgezogen in Bayern. Bei der Währungsreform verlor sie all ihre Ersparnisse. 1957 starb sie verarmt und vergessen. Heute wird Claire Waldoff wieder von vielen Chansonnièren als »Kabarettkönigin« verehrt..

Nadine Prange: Claire Waldoff hätte ich gerne singend, rauchend und fluchend auf der Bühne erlebt, ich denke, sie war eine echte Wucht im Rampenlicht.

»RAUS MIT DEN MÄNNERN AUS DEM REICHSTAG!«

+++ Außerehelicher Geschlechtsverkehr zwischen Juden und Nichtjuden wird unter Strafe gestellt, wobei jedoch nur der Mann bestraft wird, weil nach Auffassung der Nationalsozialisten die Frau nur passiv am Sex

ICH LASS
MIR NICHT
DIE NEESE
VERPATZEN

ILLUSTRIERT VON NADINE PRANGE

teilhat +++ 1937 Im Zuge der beginnenden Rüstungskonjunktur werden die Einschränkungen für Frauen weitgehend aufgehoben. Frauen werden zur Arbeit in Munitionsfabriken verpflichtet +++

MARY WIGMAN

13. NOVEMBER 1886–18. SEPTEMBER 1973

Die als Karoline Sofie Marie Wiegmann geborene Hannoveranerin war maßgeblich an der internationalen Verbreitung des expressiven Ausdruckstanzes beteiligt. Sie besuchte eine Schule für Rhythmische Gymnastik in Hellerau bei Dresden, doch die Ausbildung enttäuschte sie. In Rudolf von Labans »Schule für Kunst« auf dem Monte Verità im schweizerischen Ascona war ihr dann, »als käme ich nach Hause«. 1919 wurde sie in Hamburg erstmals als neue große deutsche Tänzerin gefeiert. Die Aufmärsche des »Dritten Reiches« empfand sie anfangs als bewundernswerte Massenchoreographien, und durch ihre Beziehung zu einem Rüstungsindustriellen war sie geschützt, obwohl ihr »Judenfreundlichkeit« vorgeworfen wurde. Doch nachdem dieser sie 1941 verließ, galt ihre Kunst als »entartet« und ihre Tanzschule wurde geschlossen. Als sich nach dem Krieg eine andere Ideologie ihrer Berühmtheit und Kunst bedienen wollte, entzog sie sich, indem sie 1949 nach Westberlin ging. Die unbeugsame Ausdauer, die sie im künstlerischen Suchen und Schaffen bewies, wirkt noch heute in der Tanzkunst nach.

Annika Siems: Ich habe Mary Wigman porträtiert, da ich selbst tanze, seitdem ich klein bin. Etwas Neues zu wagen, das gesellschaftlich um Anerkennung kämpfen musste und das zugleich so persönlich, beinahe intim ist, verdient großen Respekt. Es gibt so viele Sprachen, in denen man kommunizieren kann, der Tanz ist für mich eine ganz besonders ehrliche. Sie war die bedeutendste Frau bei der Etablierung des modernen Ausdruckstanzes.

»MÄNNER! – DIE 100-PROZENTIGEN – MAN KANN SIE LIEBEN, ABER MAN MÜSSTE SIE HASSEN! UND MAN BRAUCHT SICH NICHT ZU WUNDERN, DASS KRIEG ÜBER DER ERDE IST.«

+++ 1938 im Deutschen Reich wird das Pflichtjahr für Frauen unter 25 Jahren eingeführt. Sie werden verpflichtet, mindestens ein Jahr in der Hauswirtschaft, in der Landwirtschaft oder in Pflegeberufen zu arbei-

ILLUSTRIERT VON ANNIKA SIEMS

ten. Dadurch sollen sie besser auf ihre Rolle als Hausfrau und Mutter vorbereitet werden +++ 1939 Das
Pflichtjahr wird auf alle Berufe ausgeweitet und von den Arbeitsämtern organisiert +++

VICKI BAUM

24. JANUAR 1888–29. AUGUST 1960

Sie wuchs in Wien in einer gutbürgerlichen jüdischen Familie auf, wurde am Konservatorium ausgebildet und war eine erfolgreiche Konzertharfenistin. Nach ihrer Heirat mit dem Dirigenten Richard Lert beendete sie ihre musikalische Karriere, wurde die Mutter zweier Söhne und begann zu schreiben. Als Redakteurin des Ullstein-Magazins *Die Dame* eroberte sie in den 20er Jahren den Berliner Boulevard. Sie wurde die erste Autorin, die mit einer ausgeklügelten Strategie zur Marke gemacht wurde, und ihre Romane erreichten bis 1932 in Deutschland eine Auflage von 500.000. Ihr Welterfolg *Menschen im Hotel* ebnete ihr den Weg in die USA. Sie zog mit der Familie 1932 nach Hollywood, rechtzeitig bevor ihre Bücher 1933 als »jüdische Asphaltliteratur« verbrannt wurden. Sie schrieb, zuletzt auf Englisch, zahlreiche Romane, die international erfolgreich waren. Mit ihrem Roman *Hotel Berlin '43* von 1944, versuchte sie zu zeigen, dass nicht alle Deutschen Nazis waren. Von der Literaturwissenschaft lange als Autorin von Trivialliteratur ignoriert, wird sie heute als Autorin der Neuen Sachlichkeit geschätzt. Wie hatte sie so schön selbstironisch gesagt: »Ich bin eine erstklassige Schriftstellerin zweiter Güte.«

Florine Glück: Ich habe Vicki Baum illustriert, weil sie auf idealtypische Weise den temporeichen Lebensstil der sogenannten Neuen Frau zur Zeit der Weimarer Republik verkörpert. Dieses Idealbild der berufstätigen Frau und Mutter lässt sich kennzeichnen durch finanzielle Unabhängigkeit vom Mann, gleichberechtigte Kameradschaft in Liebe, Sexualität und Ehe und die Befreiung aus einengender und unrationeller Mode.

»VICKI BAUM IST EINE ERSTKLASSIGE SCHRIFTSTELLERIN ERSTER GÜTE!« ELKE HEIDENREICH

ILLUSTRIERT VON FLORINE GLÜCK

Frauen wird der Haushaltstag eingeführt, ein bezahlter arbeitsfreier Tag im Monat, der meist als Waschtag gilt. Die Regelung gilt nicht für jüdische Frauen +++

HEDWIG CONRAD-MARTIUS

27. FEBRUAR 1888–15. FEBRUAR 1966

Die in Berlin Geborene wuchs in Rostock auf. Um Abitur machen zu können, musste sie nach Berlin – im Norden gab es kein Mädchengymnasium, und Mädchen durften kein Jungengymnasium besuchen. 1910 ging sie zu Edmund Husserl nach Göttingen, um Philosophie zu studieren. Zum Verdruss der Frauenstudiums-Gegner gewann sie 1911 einen Preis der Universität für ihre anonym eingereichte Arbeit über die *Erkenntnistheoretischen Grundlagen des Positivismus*. Doch als Frau wurde ihr dort die Promotion verboten. Sie promovierte daraufhin in München und heiratete im selben Jahr Theodor Conrad. Ihre Habilitation verhinderten der Erste Weltkrieg sowie finanzielle Nöte. 1933 wurde sie wegen ihres jüdischen Großvaters mit einem Veröffentlichungsverbot belegt. 1949 erhielt sie einen Lehrauftrag in München, 1955 eine unbezahlte Honorarprofessur. Sie konnte sich zu der Zeit nur durch Forschungsaufträge über Wasser halten. Doch dann zwang sie ihr sich verschlechternder gesundheitlicher Zustand, mit Mann und Adoptivtochter aus der Stadt raus nach Starnberg zu ziehen, wo sie 1966 starb. Sie gilt als eine der bedeutendsten Philosophinnen des 20. Jahrhunderts, doch ist sie noch immer weithin unbekannt.

Beate Fahrnländer: Ich habe Hedwig Conrad-Martius porträtiert, weil sie sich mit Intelligenz und Beharrlichkeit ihren Platz in einer von Männern dominierten Welt erkämpfte.

»DER MENSCH STEHT AM ABGRUND SEINER EIGENEN FEIGHEIT UND EBEN DAS MACHT IHN ZUR PERSON.«

ILLUSTRIERT VON BEATE FAHRNLÄNDER

damit die erste österreichische Bürgermeisterin +++ Erika Keck von der CDU wird im selben Jahr die erste Bürgermeisterin in Westdeutschland, in Ahrensburg in Holstein +++

SOPHIE TAEUBER-ARP

19. JANUAR 1889–13. JANUAR 1943

Die Schweizerin wuchs im Kanton Appenzell auf und bekam schon früh privaten Zeichenunterricht. Sie studierte dann an der Textilabteilung der École des arts décoratifs in St. Gallen und machte 1910 ihren Abschluss. Danach führte sie geometrische Textilarbeiten aus. 1915 lernte sie Hans Arp kennen. Es entstanden gemeinsame Kunstwerke. Ab 1916 leitete sie die Textilklasse an der Zürcher Kunstgewerbeschule, studierte Choreographie und trat als Tänzerin auf. Ab 1918 entstanden ihre weltberühmten frühen DADA-Köpfe und Marionetten. Im Bewusstsein der Öffentlichkeit trat sie, wie viele Frauen in der Kunst, hinter ihrem viel bekannteren Ehemann Hans Arp wenig in Erscheinung. Trotzdem stellte sie gemeinsam mit den anderen Größen der neuen »konstruktiven« Kunst aus, meist als einzige Frau: DADA-Köpfe, Marionetten, Plastiken, Gouachen oder Holzreliefs. 1926 zog das Paar nach Straßburg und erhielt den lukrativen Auftrag zur Innengestaltung eines Cafés. Der erlaubte es den beiden, nach Sophies Plänen ein Atelierhaus in der Nähe von Paris zu bauen. 1942 flohen sie vor den Nazis in die Schweiz. Die Künstlerin starb in Zürich an einer Kohlenmonoxidvergiftung.

von Zubinski: Wir haben uns die Künstlerin Sophie Taeuber-Arp ausgesucht, weil wir verliebt in ihre Formensprache sind. Wir empfehlen wirklich jedem, sich ihr Werk – und ganz besonders die Marionetten – anzuschauen. Frech, witzig, zeitlos und wunderschön!

»ES WAR SOPHIE TAEUBER, DIE MIR DURCH DAS BEISPIEL IHRER KLAREN ARBEITEN UND IHRES KLAREN LEBENS DEN RECHTEN WEG, DEN WEG ZUR SCHÖNHEIT ZEIGTE.« HANS ARP

+++ 1949 Am 23. Mai tritt das Grundgesetz der Bundesrepublik Deutschland in Kraft. In Artikel 3 Absatz 2 Satz 1 der neuen Verfassung steht kurz und klar: »Männer und Frauen sind gleichberechtigt.« +++

ILLUSTRIERT VON von ZUBINSKI

+++ Auch in der 1. Verfassung der DDR, die im Oktober 1949 in Kraft tritt, ist die Gleichberechtigung fest-geschrieben. Anders als die BRD hält die DDR offiziell nicht am Leitbild der Hausfrau und Mutter fest +++

HANNAH HÖCH

1. NOVEMBER 1889–31. MAI 1978

Geboren in Gotha, studierte sie Glasgestaltung an der Kunstgewerbeschule Charlottenburg und setzte später ihre Ausbildung in einer Graphikklasse fort. 1915 lernte sie Raoul Hausmann kennen und lieben. Sie gehörte als einzige Frau der Berliner DADA-Bewegung an und nahm 1919 mit ihren Fotomontagen an der ersten DADA-Ausstellung teil. 1922, nach der Trennung von Hausmann, begann eine vielfältige künstlerische Zusammenarbeit mit Kurt Schwitters. Wichtige künstlerische Freunde zu dieser Zeit waren u.a. Hans Arp und Sophie Taeuber. Während der Nazizeit zählte sie zu den »Entarteten« und überlebte diese Zeit mehr schlecht als recht in Berlin-Heiligensee. Unter Lebensgefahr versteckte sie DADA-Dokumente und ermöglichte damit später eine genauere Erforschung der Künstlergruppe. Sie gilt heute als Meisterin der dadaistischen Fotocollage. Mit spöttischem Witz fügte sie Fundstücke aller Art zu Collagen zusammen. Sie war bis ins hohe Alter künstlerisch tätig. Ihr internationaler Ruhm setzte jedoch erst wenige Jahre vor ihrem Tod ein.

Marie Hübner: Hannah Höch hat eine Zeitlang in einer Männer-Kommune gelebt, dort sind auch viele ihrer Werke entstanden. Sie hat als einzige der WG gearbeitet, Geld verdient und damit ihre Mitbewohner durchgefüttert. Anerkennung dafür bekam sie von ihnen wenig bis nie.

»ICH MÖCHTE DIE FESTEN GRENZEN VERWISCHEN, DIE WIR MENSCHEN – SELBSTSICHER – UM ALLES ERREICHBARE ZU ZIEHEN GENEIGT SIND ...«

+++ 1950 Das Politbüro der SED beschließt umfangreiche Maßnahmen zur Frauenförderung, vor allem zur Förderung der Berufstätigkeit +++ 1950 Das Gesetz über Mutter- und Kinderschutz in der DDR verankert

ILLUSTRIERT VON MARIE HÜBNER

die Gleichstellung von Mann und Frau in der Familie, stellt alleinerziehende Mütter anderen Müttern und uneheliche Kinder anderen Kindern gleich +++

JEANNE MAMMEN

21. NOVEMBER 1890–22. APRIL 1976

Die Kaufmannstochter aus einer ostfriesischen Bürgerfamilie wuchs in Paris auf und studierte Malerei in Paris, Brüssel und Rom. 1916 ging sie nach Berlin und hielt sich mühselig mit Fotoretusche, Modezeichnungen etc. über Wasser. Doch schärfte ihre eigene Notlage den Blick der Einzelgängerin und scharfsinnigen Beobachterin. Sie scheute kein Milieu und keine Erfahrung. Zeichnend durchstreifte sie Kneipen, Straßen, Cafés, Salons. Sie porträtierte glamouröse Zeitgenossen, den neuen Typus der selbstbewussten Frau, Figuren am Rande der Gesellschaft, die lesbische Frau ebenso wie die Spießerin oder das frivole Nachtleben. In aquarellierten Skizzen hielt sie ihre Eindrücke gekonnt, bissig, aber auch erotisch, fest. Nach 1945 wurde ihr Werk komplett abstrakt. Ihr Schaffen ist einer breiten Öffentlichkeit bisher leider noch immer wenig bekannt.

Katrin Funcke: Jeanne Mammen beeindruckt mich als Malerin und Zeichnerin mit ihrer Vielseitigkeit, mit ihrem unbedingten Interesse, die Einzigartigkeit eines jeden Gesichtes herauszufinden. Ihre relative Unbekanntheit scheint mir allein auf die Tatsache zurückzuführen zu sein, dass sie eine Frau war. So ist sie heute ein Mahnmal für die Wichtigkeit der gender-unabhängigen Wahrnehmung und Wertung künstlerischer Arbeit.

»EIGENTLICH HABE ICH MIR IMMER GEWÜNSCHT: NUR EIN PAAR AUGEN ZU SEIN, UNGESEHEN DURCH DIE WELT GEHEN, NUR DIE ANDEREN SEHEN ...«

+++ 1952 Im Februar tritt in der Bundesrepublik Deutschland das Mutterschutzgesetz in Kraft, das u.a. ein bezahltes Beschäftigungsverbot vor und nach der Geburt und einen besonderen Kündigungsschutz für

ILLUSTRIERT VON KATRIN FUNCKE

werdende Mütter und Mütter enthält +++ 1952 Das ZK der SED beschließt die Einrichtung von Frauenaus-
schüssen in industriellen und landwirtschaftlichen Betrieben +++

NELLY SACHS

Sie wuchs in Berlin in einer liberal-jüdischen Familie auf. Erste Gedichte schrieb sie mit siebzehn, 1921 erschien, unterstützt von Stefan Zweig, ihr erster Gedichtband. Sie und die Mutter lebten sehr zurückgezogen, ein »Leben unter Bedrohung«. Nach der sogenannten Reichskristallnacht 1938 wurde dieses Leben ganz und gar unerträglich. Selma Lagerlöf ist es zu verdanken, dass die beiden 1940 in letzter Minute nach Schweden ausreisen konnten. Sie lebten in ärmlichen Verhältnissen in einer kleinen Wohnung, in der Nelly Sachs bis zu ihrem Ende wohnte. Sie lernte Schwedisch, übertrug schwedische Lyrik ins Deutsche, schrieb Gedichte. Ihre Suche nach neuen Sprachformen, die nach Auschwitz aus dem Verstummen führen könnten, verband sie mit Paul Celan, mit dem sie seit 1957 im Briefwechsel stand. Ihr immer stärker werdendes Verfolgungstrauma prägte ihre Lyrik nach 1960. 1966, an ihrem Geburtstag, wurde ihr der Literatur-Nobelpreis verliehen, dazu sagte sie: »Es will mir scheinen als wäre ein Märchen Wirklichkeit geworden«. Das Preisgeld verschenkte sie. Sie selbst zog sich aus der Öffentlichkeit zurück. **Birgit Weyhe:** Ich habe mir Nelly Sachs ausgesucht, weil sie für das Unsägliche eine Sprache gefunden hat.

»ICH HABE SCHWEDEN SEHR LIEB GEWONNEN, UND ES HAT UNS GERETTET, ABER AUF ERDEN IST KEIN ORT MEHR. ICH HAB KEINEN ORT MEHR AUF DER WELT. ES IST ORTLOS, WO ICH BIN.«

+++ 1952 In der DDR wird der Haushaltstag für verheiratete Frauen (wieder) eingeführt: Hausarbeit ist demnach also reine Frauensache +++

ILLUSTRIERT VON BIRGIT WEYHE

+++ 1952 Im Mai wird der Schriftstellerverband der DDR gegründet; Anna Seghers wird seine erste Vorsitzende +++

LIESL KARLSTADT

12. DEZEMBER 1892–27. JULI 1960

Die in München als Elisabeth Wellano Geborene war das fünfte von neun Kindern einer armen Bäckerfamilie italienischer Herkunft. Ihr Berufswunsch Lehrerin war für ein Mädchen ihrer Schicht unerreichbar, also wurde sie Textilverkäuferin. Nebenher trat sie als Chorsängerin, Jodlerin, Soubrette und Kabarettistin auf. Als sie ihre Stelle kündigte, um ganz zur Bühne zu gehen, überwarf sie sich mit dem Vater. 1911 lernte sie Karl Valentin kennen. Die beiden wurden nicht nur auf der Bühne ein Paar. Bereits 1915 war sie gleichberechtigte Direktorin des kleinen Ensembles, und etliche der 400 Sketche aus 25 Jahren Zusammenarbeit stammen aus ihrer Feder. Sie litt jedoch immer mehr unter der Rücksichtslosigkeit und den hypochondrischen Anwandlungen Valentins. Als er ihr gesamtes Vermögen verspekuliert und sich eine neue Partnerin genommen hatte, versuchte sie 1935, sich das Leben zu nehmen und wurde depressiv. Ab 1937 trat sie wieder auf, 1940 zum letzten Mal mit Valentin. Von den 50er Jahren an arbeitete sie zunehmend für Film, Funk und Fernsehen. Zeitlebens stand sie im Schatten ihres exzentrischen Partners, wurde kaum als eigenständige Schauspielerin wahrgenommen. Selbst das Münchner »ValentinMusäum« wurde erst 2001 in »ValentinKarlstadtMusäum« umbenannt …

Eva Muggenthaler: Ich habe Liesl Karlstadt porträtiert, denn ihre Darbietungen waren mir schon als Kind ein Vergnügen und sind es bis heute geblieben.

»WISSEN S', AUF DER BÜHNE, DA HAB ICH HALT DIE SCHNEID, ABER NACHHER IST ALLES WIEDER VORBEI, UND I MUASS MI EHRLICH PLAGN! «

+++ 1953–1958 In der Bundesrepublik Deutschland kommt es zu einem rechtsfreien Zustand, da die Frist zur einzelrechtlichen Umsetzung des grundgesetzlichen Gleichberechtigungsgebots abgelaufen ist, der

ILLUSTRIERT VON EVA MUGGENTHALER

MARIANNE BRANDT

1. OKTOBER 1893–18. JUNI 1983

Sie wuchs in Chemnitz auf und studierte Kunst in Weimar: Malerei, u.a. bei Fritz Mackensen, Bildhauerei bei Richard Engelmann. Ans Staatliche Bauhaus in Weimar kam sie 1923 und setzte ihre Ausbildung in Dessau fort. Bereits 1926 entwarf sie Beleuchtungskörper für das Dessauer Bauhausgebäude. Sie wurde Mitarbeitern der Metallwerkstatt, machte 1929 das Bauhausdiplom Nr. 2 der Metallwerkstatt. Dann arbeitete sie im Architekturbüro von Walter Gropius und leitete bis 1932 die Entwurfsabteilung der Metallwarenfabrik Ruppelwerk in Gotha. Sie war Mitglied der Reichskulturkammer, trat aber der NSDAP nicht bei. 1933 wurde sie, als »Bauhäuslerin«, entlassen, zog wieder zu den Eltern und hielt sich mit Kleinaufträgen über Wasser. Ab 1949 lehrte sie an der Dresdner Hochschule für Werkkunst, 1951–1954 an der Kunsthochschule Berlin-Weißensee und betreute die Ausstellung *Deutsche Angewandte Kunst der DDR* in China. Außerdem schuf sie zahlreiche Fotografien und Fotomontagen. Sie gehört zu den weniger bekannten Bauhaus-Gestalten, doch vor allem ihre Entwürfe von Leuchten und Tischgerät sind als Lehrbeispiele in wichtige Designsammlungen eingegangen.

Katja Spitzer: Marianne Brandt studierte am Bauhaus Dessau, wo sie – damals untypisch für eine Frau – überwiegend in der Metallwerkstatt arbeitete. Wäre sie nicht so teuer, würde ich meinen Tee in der Teekanne MBTK 24SI zubereiten und dabei immer wieder an Marianne Brandt denken.

»KEIN TAG OHNE SUCHE.«

ILLUSTRIERT VON KATJA SPITZER

GABRIELE TERGIT

4. MÄRZ 1894–25. JULI 1982

Eigentlich hieß die Berlinerin Elise Hirschmann. Sie besuchte die Soziale Frauenschule von Alice Salomon, um sich auf den Kampf um die Gleichberechtigung der Frau im Berufsleben vorzubereiten. Sie studierte Geschichte und Philosophie, promovierte 1925 und bekam eine feste Stelle als erste Gerichtsreporterin beim Berliner Tageblatt. Ein großes Thema ihrer Berichte war stets die soziale Situation der Frau. Ihr Vorbild Paul Schlesinger (»Sling«) und sie erhoben die Gerichtsreportage zu einem eigenen literarischen Genre. 1931 schrieb sie den Bestseller *Käsebier erobert den Kurfürstendamm*, eine Satire auf die korrupte, sensationshungrige Gesellschaft. Ihre Artikel gegen die reaktionären Richter der Zeit erschienen auch in der *Weltbühne*. Bei den Nazis war sie verhasst. Nachdem am 4. März 1933 eine Horde SA-Männer versucht hatte, in ihre Wohnung eindringen, um sie zu verschleppen, verließ sie Berlin noch am selben Tag und emigrierte mit Mann und Sohn. Ab 1938 lebte sie in London, schrieb kulturgeschichtliche Studien und gab als Sekretärin des PEN-Zentrums zahlreiche Texte und Autobiographien deutschsprachiger AutorInnen im Ausland heraus.

Doro Petersen: Gabriele Tergit beschreibt ihre »Berliner Existenzen« so amüsant, exakt und lebensnah, dass ich am liebsten sofort aufbräche zu einer Zeitreise in die 20er Jahre.

»WO WIR AUFTAUCHTEN, KURZRÖCKIG, KURZHAARIG UND SCHLANKBEINIG, FUHREN DIE MÄNNER DER ÄLTEREN GENERATION ZUSAMMEN UND FRAGTEN: ›WAS SIND DAS FÜR GESCHÖPFE?‹ WIR ANTWORTETEN: ›DIE NEUE FRAU‹!

+++ 1958 Das Gleichberechtigungsgesetz tritt am 1. Juli in der BRD in Kraft. Erst jetzt dürfen Frauen in Deutschland zum Beispiel ohne Zustimmung des Ehemanns oder Vaters den Führerschein machen oder

ILLUSTRIERT VON DORO PETERSEN

MARGARETE SCHÜTTE-LIHOTZKY

23. JANUAR 1897– 18. JANUAR 2000

Sie wuchs in Wien als Tochter eines Beamten auf. Als erste Frau schloss sie 1919 ihr Architekturstudium an der Wiener Kunstgewerbeschule ab. Schon früh verband sie ihren Beruf mit sozialem Engagement. Schon 1917 wurde sie mit dem Max-Mauthner-Preis ausgezeichnet für die Planung von Arbeiterwohnungen in Wien. Mit Ernst Loos arbeitete sie am Projekt Friedensstadt der Wiener Siedlungsbewegung. Bald stand für sie die Erleichterung der Hausarbeit für die moderne berufstätige Frau im Mittelpunkt. Ende der 20er Jahre konzipierte sie die »Frankfurter Küche« für Sozialwohnungen der großen Bauprogramme der Weimarer Republik. In den Neubauten entstanden damals auch Kindergärten und Wohnungen für berufstätige Frauen. 1930 ging sie mit ihrem Mann, Wilhelm Schütte, und anderen nach Moskau und arbeitete am Programm *Aufbau neuer Städte* mit. 1940, zurück in Wien, engagierte sie sich im antifaschistischen Widerstand, wurde von der Gestapo verhaftet und vier Jahre lang inhaftiert. Nach dem Krieg hatte sie als Kommunistin wenig Chancen auf öffentliche Aufträge in Wien, erhielt aber welche aus sozialistisch regierten Ländern. Erst in den 1980er Jahren wurde sie auch wieder im eigenen Land gewürdigt Sie lebte und publizierte in Wien bis zu ihrem Tod.

Stephanie Wunderlich: Margarete Schütte-Lihotzkys gestalterisches Werk beeindruckt mich, noch viel mehr ihr soziales Engagement sowie ihr Einsatz für die Bedürfnisse der sogenannten einfachen Leute. Sie forderte ein Grundrecht auf menschenwürdiges Wohnen für alle.

»JEDE DENKENDE FRAU MUSS DIE RÜCKSTÄNDIGKEIT BISHERIGER HAUSHALTFÜHRUNG EMPFINDEN UND DARIN SCHWERSTE HEMMUNG EIGENER ENTWICKLUNG ... ERKENNEN.«

+++ 1958 In der Gemeinde Riehen im Schweizer Kanton Basel-Stadt dürfen erstmals Frauen wählen. Im selben Jahr sitzt dann tatsächlich eine Frau in einem gewählten politischen Gremium der Schweiz +++

ILLUSTRIERT VON STEPHANIE WUNDERLICH

+++ 1959 Am 1. Februar scheitert die erste Volksabstimmung über das Frauenwahlrecht in der Schweiz deutlich. Zwei Drittel der abstimmenden Männer stimmen mit nein +++

ANNI ALBERS

12. JUNI 1899–9. MAI 1994

Die in Berlin als Anneliese Fleischmann geborene Bauhaus-Schülerin und -lehrerin gehörte lange zu den unterschätztesten Künstlerinnen ihrer Zeit. Nicht zuletzt, weil sie nicht malte oder zeichnete, sondern webte. Erst spät entdeckte die Kunstwelt ihre ebenso eigenwilligen wie originellen und innovativen Arbeiten. Sie selbst hatte zu Anfang große Zweifel am Weben als Kunstform, aber: »Nach und nach begannen die Fäden, meine Fantasie zu wecken«. Und das war gut, denn absolute Gleichberechtigung lautete zwar ein Grundsatz des Bauhauses, aber trotzdem bekamen Frauen eigentlich nur in dem als weiblich geltenden Bereich der Weberei eine Chance. 1931 konnte sie, die 1925 ihren Lehrer Josef Albers geheiratet hatte, die Leitung der Weberei am Bauhaus in Dessau übernehmen. Sie profilierte sich in den beiden gegensätzlichen Bereichen der Weberei: Herstellung des künstlerischen Unikats und Entwurf verschiedenartiger Stoffe für die mechanische Herstellung. Nach der Machtergreifung Hitlers emigrierte das Ehepaar Albers in die USA, wo Anni Albers eine Lehrtätigkeit am Black Mountain College in North Carolina begann. 1949 siedelten sie nach New York über, im selben Jahr stellte Anni Albers als erste Textilkünstlerin im MoMA aus und erhielt danach viele Auszeichnungen.

Arinda Craciun: Ich habe Anni Albers ausgewählt, weil mich ihr bewegtes Leben, ihre Haltung in einer teilweise feindlichen Umwelt, ihr Mut im Leben und in der Kunst, ihre Vielseitigkeit beschäftigt. Und weil sie mehr Menschen bekannt sein sollte.

»WENN EINE ARBEIT MIT FÄDEN ENTSTEHT, DANN WIRD SIE ALS HANDWERK BETRACHTET; AUF PAPIER WIRD SIE ALS KUNST ANGESEHEN.«

+++ 1959 Das Pensionseintrittsalter für Frauen wird in der Bundesrepublik Deutschland ab jetzt schrittweise von 57 auf 62 Jahre angehoben +++

ILLUSTRIERT VON ARINDA CRACIUN

+++ 1959 In der Schweiz wird tatsächlich ein »Bund der Schweizerinnen gegen das Frauenstimmrecht« gegründet +++

ANNA SEGHERS

19. NOVEMBER 1900–1. JUNI 1983

Sie wuchs als Nelly Reiling in Mainz auf, studierte Kunstgeschichte und Sinologie und promovierte 1924 in Heidelberg. 1925 heiratete sie und wurde Mutter von zwei Kindern. Sie debütierte mit einer Erzählung, die 1928 unter dem Pseudonym Seghers erschien. Ein Kritiker schrieb: »Seghers ... ist eine sensationelle Begabung ... Seine erste Novelle ist ein Meisterwerk ....« Nur Eingeweihte wussten, wer sich hinter dem Pseudonym verbarg. 1928 trat sie in die Kommunistische Partei ein, 1933 musste sie als Jüdin und Kommunistin mit ihrer Familie Deutschland verlassen. Ihren literarischen Ruhm begründeten zwei im Exil geschriebene Romane: *Das siebte Kreuz*, in Frankreich entstanden, später in Hollywood verfilmt, und ihr Meisterwerk *Transit*, größtenteils 1940 in Marseille geschrieben. *Transit* ist ein so aktueller Roman, dass er 2018 hervorragend neu verfilmt wurde. 1947 kehrte die inzwischen weltberühmte Autorin aus dem mexikanischen Exil zurück nach Ostberlin. Obwohl sie es im von Männern dominierten Kulturleben zu hohem Ansehen brachte – von 1953–1978 war sie Präsidentin des DDR-Schriftstellerverbandes –, fungierte sie dort wohl eher als Aushängeschild. Sie gilt bis heute als die größte deutsche Erzählerin ihrer Generation.

Christa Unzner: Anna Seghers weckt in mir widersprüchliche Gefühle: Sie schöpfte aus dem eigenen Erleben von Flucht und Emigration und schuf große Literatur! Später wurde sie jedoch zu einer regimetreuen Kulturfunktionärin in der DDR.

>»WAS IMMER WIR ... NOCH ÜBER SIE ERFAHREN SOLLTEN, UNSERE DANKBARKEIT FÜR IHRE BESTEN BÜCHER HAT DAVON UNBERÜHRT ZU BLEIBEN.« MARCEL REICH-RANICKI

+++ 1959 Die Bundesverkehrswacht stellt eine stichprobenartige Untersuchung über Frauen am Steuer an. 5,12% der beobachteten Autos wurden von Frauen gesteuert, auf der Autobahn allerdings deutlich weniger

ILLUSTRIERT VON CHRISTA UNZNER

als in Städten und auf den Landstraßen. Dabei steckte immerhin in 14% bis 17% der Damenhandtaschen ein Führerschein +++

MARLENE DIETRICH

27. DEZEMBER 1901–6. MAI 1992

Ihr Vater, ein Polizeileutnant, starb, als sie zehn Jahre alt war. Die Mutter führte ein drakonisches Regime, und schon früh verinnerlichte Marlene preußische Tugenden wie Disziplin und Ordnung. Sie wurde Schauspielerin und von Josef von Sternberg für seinen Film *Der blaue Engel* entdeckt. Durch diesen Welterfolg war ihre Karriere als Filmstar und Sängerin besiegelt. Sie hatte inzwischen Rudi Sieber, einen Produzenten und Regisseur, geheiratet und eine Tochter bekommen. Die Diva, die auch als hervorragende Köchin legendär war, folgte Sternberg in die USA, hatte zahlreiche Liebhaber, ließ sich aber nie scheiden. Sie gilt als Frau, die bereit war, ihr Spiel mit den Geschlechterrollen zu treiben: Sie trug Hosen, rauchte im Café und konnte auch schon einmal ein Mädchen küssen. Mit ihrem individuellen Stil stand sie dafür, dass Frauen ihren eigenen Willen nicht verleugnen, sondern ihre Karrieren darauf aufbauen sollten.

Sabine Kranz: An Marlene Dietrich gefällt mir besonders ihr schnoddriger Eigensinn. Die Diva hatte an jeder Hand Liebhaber beiderlei Geschlechts und inszenierte sich als androgyne Stil-Ikone. Mich beeindruckt ihr Mut, sich über Konventionen hinwegzusetzen.

»WENN ICH MEIN LEBEN NOCH EINMAL LEBEN KÖNNTE,

WÜRDE ICH DIE GLEICHEN FEHLER MACHEN.

ABER EIN BISSCHEN FRÜHER,

DAMIT ICH MEHR DAVON HABE.«

+++ 1964 Der Ministerrat der DDR beschließt die Einrichtung eines wissenschaftlichen Beirats »Die Frau in der sozialistischen Gesellschaft« bei der Deutschen Akademie der Wissenschaften +++

GRET PALUCCA

8. JANUAR 1902–22. MÄRZ 1993

Sie wurde in München als Margarete Paluka geboren und wusste schon früh, dass sie Tänzerin werden wollte. Die Ausdruckstänzerin Mary Wigman wurde ihre Lehrerin; öffentliche Auftritte mit der Tanztruppe folgten. 1923 kam es zum Bruch, denn die Tanzauffassungen der beiden unterschieden sich: Grets Tanz strahlte – auch dank ihrer einzigartigen Sprungkraft – pure Lebensfreude aus. Sie eröffnete eine eigene Schule in Dresden. Von den Nazis wurde sie zwar misstrauisch beäugt, weil Bauhauskünstler sie verehrten, doch wirkte sie 1936 an der Eröffnungsfeier der Olympischen Spiele als »deutscheste Tänzerin« mit. Dann kam heraus, was sie verheimlicht hatte: dass sie »Halbjüdin« war. 1939 wurde ihre Schule geschlossen – sie durfte nur noch als Tänzerin auftreten, wenn sie selbst die Theater mietete. Nach dem Krieg eröffnete sie ihre Schule erneut in Dresden, die 1949 jedoch verstaatlicht wurde. Sie durfte zwar weiter unterrichten, musste aber in Kauf nehmen, dass in erster Linie klassisches Ballett unterrichtet wurde. Entnervt zog sie sich nach Sylt zurück – damals ging das noch – und drohte mit Abwanderung in den Westen, daraufhin wurde sie mit der Direktion der Abteilung »Neuer künstlerischer Tanz« abgefunden.

Ulrike Jensen: Gret Palucca hat bis ins hohe Alter ihren ganz eigenen Tanzstil, den Neuen Künstlerischen Tanz, unterrichtet. Als Kind habe ich sie an der Palucca-Schule erlebt und war von ihrer Leichtigkeit, ihrer Stärke, Strenge und Ausdruckskraft stark beeindruckt. Aus dieser Erinnerung entstand ihr Porträt. Meine Patentante war über Jahrzehnte ihre Privatsekretärin. Noch heute teilt sie mit mir Erinnerungen aus der Zeit mit der »P«, wie sie Palucca liebevoll nennt.

»DER TANZ GEHÖRT EINFACH ZU MIR.«

+++ 1961 Die Antibabypille kommt in Deutschland auf den Markt +++ 1962 Die Schweiz will dem Europarat beitreten, muss dafür aber die Europäische Menschenrechtskonvention annehmen, was sie nur kann, wenn

ZEIGT, dass ihr TANZEN müsst!

ILLUSTRIERT VON ULRIKE JENSEN

es in der Schweiz ein Frauenstimmrecht gibt. Daraufhin beginnt die Stimmung zugunsten des Frauenwahlrechts umzuschwenken +++

ILSE WEBER

Die als Ilse Herlinger geborene Jüdin war eine deutschsprachige tschechische Schriftstellerin und ausgebildete Krankenschwester. Bereits mit 14 Jahren schrieb sie Kindermärchen. Mit Anfang 20 war sie Vizepräsidentin der Internationalen Frauenliga für Frieden und Freiheit. Sie leitete einen zionistischen Mädchenkreis und las die Werke von Schriftstellerinnen, die für ein modernes Frauenbild kämpften. Später schrieb sie vor allem Gedichte, Kinderbücher und Hörspiele. 1930 heiratete sie Willi Weber. Am 6. Februar 1942 wurde sie nach Theresienstadt deportiert, dort arbeitete sie in der Kinderkrankenstube. Vorher war es ihr noch gelungen, ihren ältesten Sohn mit einem Kindertransport nach England vor den Nazis zu retten. Zusammen mit ihrem jüngeren Sohn ist sie in Auschwitz ermordet worden. Beim Gang in die Gaskammer soll sie für ihren Sohn und die anderen Kinder das von ihr geschriebene Schlaflied *Wiegala* gesungen haben.

Annegret Ritter: Ilse Weber hat ihren kleinen Sohn nach England in die Sicherheit geschickt, obwohl sie ahnte, dass sie ihn nie wiedersehen würde. Dennoch fand sie die Kraft, fremden Kindern Frohsinn und Trost in harten Zeiten zu spenden. Ich bewundere sie für diese Stärke.

»SCHLAF, ÜBER NACHT KANN VIELES GESCHEHN,

ÜBER NACHT KANN ALLER KUMMER VERGEHN.

MEIN KIND, DU SOLLST SEHN:

EINST, WENN DU ERWACHT,

IST FRIEDE GEKOMMEN – ÜBER NACHT.«

+++ 1965 Der Haushaltstag in der DDR kann jetzt auch von unverheirateten Frauen in Anspruch genommen werden +++

ILLUSTRIERT VON ANNEGRET RITTER

IRMGARD KEUN

6. FEBRUAR 1905–5. MAI 1982

Sie wuchs in Berlin und Köln in einer liberalen Familie auf, besuchte nach dem Lyzeum eine Handelsschule und lernte dann Stenographie und Schreibmaschine in einer Berlitz School. Danach ließ sie sich zur Schauspielerin ausbilden, hatte aber keinen Erfolg und begann zu schreiben. Ihre ersten Romane, *Gilgi, eine von uns* und *Das kunstseidene Mädchen* (1931 und 1932) waren sensationelle Erfolge, 1933 beschlagnahmten und verboten die Nazis ihre Bücher jedoch als »Asphaltliteratur mit antideutscher Tendenz«. 1935 ging sie ins Exil, wo sie eine Zeit lang auch mit Joseph Roth zusammenlebte. In deutschsprachigen Exil-Verlagen in den Niederlanden erschienen nun Werke, in denen sie sich mit dem NS-Regime und dem Leben im Exil auseinandersetzte, besonders in *Nach Mitternacht*. 1940 kehrte sie mit falschen Papieren unerkannt nach Deutschland zurück. Im biederen Literaturbetrieb der Nachkriegszeit konnte sie nicht mehr an die Erfolge ihrer ersten Bücher anknüpfen, sie verarmte und litt an Alkoholismus, bis ihre Romane in den 1970er Jahren wiederentdeckt wurden. Dadurch verbesserte sich ihre finanzielle und psychische Lage wieder.

Sabine Kranz: Irmgard Keun habe ich porträtiert, weil ich ihren Humor bewundere. Ihre Protagonistinnen sind jung, frech, naiv und wollen vor allem eins: unabhängig sein. Erst in den 1970er Jahren wurde sie wiederentdeckt und erfuhr den Ruhm, der ihr zusteht.

»ICH WILL SCHREIBEN WIE FILM, DENN SO IST MEIN LEBEN UND WIRD NOCH MEHR SO SEIN.«

+++ 1964 Das Jahr ist zumindest in der Bundesrepublik Deutschland das Jahr des Babybooms, der höchsten Geburtenzahl seit Ende des Zweiten Weltkriegs. Danach beginnt der sg. »Pillenknick« +++

ILLUSTRIERT VON SABINE KRANZ

+++ 1965 Die Antibabypille wird in der DDR eingeführt, von 1972 an kostenfrei +++ Die Volkskammer der DDR beschließt das Familiengesetzbuch der DDR: völlige Gleichstellung von Mann und Frau +++

ERIKA MANN

9. NOVEMBER 1905–27. AUGUST 1969

Das älteste Kind von Katia und Thomas Mann (»mein begabtes Kind« nannte er sie) war die engste Weggefährtin ihres Bruders Klaus. Sie arbeitete zunächst als Schauspielerin und Journalistin. Anfang 1933 gründete sie das Kabarett *Die Pfeffermühle* und zog schon bald mit der ganzen Truppe und den Eltern ins Schweizer Exil. Von dort erhob sie sofort ihre Stimme gegen die Nazis. »Sie«, schrieb ihr Joseph Roth 1935, »machen zehnmal mehr gegen die Barbarei als wir alle Schriftsteller zusammen«. Seit 1937 lebte sie überwiegend in den USA. Aus der Kabarettistin wurde eine politische Rednerin und Kriegskorrespondentin, die rastlos arbeitete und reiste. In der McCarthy-Ära zu Beginn des Kalten Krieges wurde sie am Ende als »unamerikanisch« eingestuft, verließ 1952 die USA und ging mit den Eltern wieder in die Schweiz. Sie schrieb Essays und Kinderbücher, war enge Vertraute ihres Vaters und wurde seine und ihres Bruders Klaus Nachlassverwalterin. In späteren Jahren galt die gesundheitlich Angeschlagene als schwierig. »Dieser hoch begabten und überaus temperamentvollen Frau war es nicht gegeben, in Frieden mit sich selbst zu leben«, schrieb Marcel Reich-Ranicki. Sie wurde in Zürich neben ihrem Vater beigesetzt.

Barbara Ott: Erika Manns Widerstand gegen den Nationalsozialismus und ihr Beitrag zur Exilliteratur beeindrucken mich.

»ES IST ALSO EIN MÄDCHEN: EINE ENTTÄUSCHUNG FÜR MICH … DENN ICH HATTE MIR SEHR EINEN SOHN GEWÜNSCHT.«

THOMAS MANN, 1905

ILLUSTRIERT VON BARBARA OTT

und 1968 sind immerhin 30% der Mitglieder des Sozialistischen Deutschen Studentenbunds (SDS), von dem die Studentenrevolte maßgeblich ausgeht, weiblich +++

MARIA GOEPPERT-MAYER

28. JUNI 1906–20. FEBRUAR 1972

Seinem einzigen Kind gab der fortschrittliche Vater, ein Göttinger Professor, folgenden Ratschlag: »Werde nie eine Frau, wenn du groß bist«. Damit meinte er, dass sie ihr Leben nicht als Hausfrau verbringen, sondern einen interessanten Beruf ergreifen sollte. Sie studierte erst Mathematik, dann Physik und wollte Professorin werden, was aber für Frauen nicht vorgesehen war. In Göttingen lernte sie Joseph Mayer, US-Student der physikalischen Chemie, kennen, heiratete ihn nach ihrer Promotion 1930 und ging mit ihm in die USA, wo er eine Professur an der Johns-Hopkins-Universität bekam. Doch für Frauen gab es auch dort keine Professorenstelle; Wissenschaftlerinnen, die einen Wissenschaftler zum Mann hatten, mussten sich damit begnügen, als dessen unbezahlte Assistentin zu arbeiten. Sie wurde Mutter von zwei Kindern und schrieb mit ihrem Mann das Standardwerk *Statistische Mechanik*. Als die USA in den Krieg eintraten, wurden alle verfügbaren Naturwissenschaftler, also auch Frauen, für Kriegsziele eingesetzt. Nach dem Krieg ging sie mit ihrem Mann an das Atomforschungszentrum in Chicago. Als – bis 1953 unbezahlte! – Professorin entwickelte sie ihre Theorie vom Aufbau des Atomkerns. Dafür wurde sie 1963 – als zweite Frau überhaupt – mit dem Physik-Nobelpreis ausgezeichnet.

Janina Röhrig: Maria Goeppert-Mayer habe ich ausgesucht, weil sie sich nicht entmutigen ließ, trotz aller Ablehnung ihren Weg weiter gegangen ist und Frauen ermutigt hat, »die Physik nicht nur den Männern zu überlassen«!

»ZU MEINER ÜBERRASCHUNG WAR, DEN PREIS ZU GEWINNEN, NICHT HALB SO AUFREGEND WIE ES WAR, DIE WISSENSCHAFTLICHE ARBEIT ZU MACHEN.«

+++ 1967 Der VII. Parteitag der SED propagiert die verstärkte Rekrutierung von Frauen für mittlere und höhere Leitungsfunktionen +++ 1968 Papst Paul VI. versucht mit seiner Enzyklika »Humanae vitae« die

ILLUSTRIERT VON JANINA RÖHRIG

HANNAH ARENDT

14. OKTOBER 1906–4. DEZEMBER 1975

Die in Hannover geborene deutsch-amerikanische jüdische Philosophin sah sich selbst eher als politische Theoretikerin. Ihr Studium begann sie in Marburg, und die Liebe zur Philosophie war zu der Zeit für sie untrennbar verbunden mit der Liebe zu Martin Heidegger, ihrem Professor. Die Liebesbeziehung endete unglücklich für sie und führte zu einer heftigen Auseinandersetzung mit ihrer deutsch-jüdischen Identität. Ihre Dissertation schloss sie 1928 in Freiburg bei Karl Jaspers über das Thema *Der Liebesbegriff bei Augustinus* ab. 1933 wurde sie von der Gestapo verhaftet, danach ging sie nach Frankreich ins Exil und emigrierte 1941 in die USA. Sie machte sich als Philosophin schnell einen Namen, wirkte als Professorin an zahlreichen Universitäten, wurde zu Vorträgen und Seminaren ins Ausland eingeladen und publizierte viele noch heute wichtige Werke, u. a. über Totalitarismus und Antisemitismus. 1961–1962 nahm sie als Berichterstatterin für den New Yorker am Eichmann-Prozess teil und erregte weltweites Aufsehen mit ihrem Buch *Eichmann in Jerusalem. Ein Bericht von der Banalität des Bösen.* **Bernadette Diemer:** Zivilcourage und ein wacher Geist sind es, was diese Frau auszeichneten. Ein echtes Vorbild.

»FREUNDSCHAFT IST DIE GRUNDLAGE ALLER MENSCHLICHKEIT.«

ILLUSTRIERT VON BERNADETTE DIEMER

Befreiung der Frauen« als erste feministische Gruppe innerhalb der Außerparlamentarischen Opposition gegründet +++ 1968 Die BSG Empor Mitte in Dresden ist die erste Frauenfußball»mann«schaft der DDR +++

ELLY BEINHORN

30. MAI 1907–28. NOVEMBER 2007

Nachdem die Hannoveranerin 1928 einen Vortrag des Ozeanfliegers Hermann Köhl gehört hatte, machte sie 1929 den Sportflugzeugführerschein und absolvierte bald auch eine Kunstflug-, Seeflug- und Blindflugausbildung. Das Flieger-Idol Ernst Udet sagte ihr (als Frau) eine Bruchlandung voraus. Kurz darauf war ihr erstes Flugzeug wirklich nur noch ein Trümmerhaufen. Ihr Telegramm an Udet lautete: »Vorausgesagter Bruch hat planmäßig stattgefunden«. Mit 23 flog sie allein nach Afrika, mit 25 um die Welt. 1932 veröffentlichte sie ihren ersten Bestseller *Ein Mädchen fliegt um die Welt*. 1936 flog sie in nur einem Tag drei Kontinente an; im selben Jahr heiratete sie den gefeierten Rennfahrer Bernd Rosemeyer, der 1938 bei einem Weltrekordversuch starb. Sie trat übrigens nie der NSDAP bei und flog auch nicht für die NS-Luftwaffe. Mit 72 gab sie ihren Pilotenschein ab. Sie hat eine Reihe von Büchern geschrieben, Radio- und Fernsehsendungen moderiert und sich stets für die Anerkennung von Frauen in der Fliegerei engagiert. **Bernadette Diemer:** Sie stellte Rekorde auf und wagte sich als Frau in ein männlich besetztes Feld zu einer Zeit, in der ihr viele Steine in den Weg gelegt wurden. Sie war eine wahre Abenteurerin.

»ICH HATTE DAS GLÜCK, IN EINER ZEIT ZU FLIEGEN, ALS DAS NOCH EIN ABENTEUER WAR … ALS MAN AM HIMMEL GANZ FÜR SICH ALLEINE WAR! HEUTE IST DAS DOCH EIN EWIGES GEBAMMEL.«

ILLUSTRIERT VON BERNADETTE DIEMER

+++ 1971 Die deutsche Bundesregierung empfiehlt die vermehrte Einstellung von Frauen im öffentlichen Dienst, gerade auch in Leitungsfunktionen +++

GISÈLE FREUND

19. DEZEMBER 1908–31. MÄRZ 2000

Sie wuchs in einem gebildeten jüdischen Elternhaus in Berlin auf. Zum Abitur schenkte der Vater ihr eine Leica; sie studierte Soziologie in Frankfurt. 1931 war sie für ein Semester an der Sorbonne, und 1933 ging sie, um den Nazis zu entkommen, wieder nach Paris. Sie liebte Literatur und Literaten, und so entstanden in wenigen Jahren an die 80 heute weltberühmte Porträts von Schriftstellerinnen und Schriftstellern. Ihren Lebensunterhalt verdiente sie mit Fotoreportagen. Ihr erster Auftrag führte sie in die Elendsgebiete Nordenglands, sie berichtete von Zechenschließungen und der bitteren Armut der Arbeitslosen. 1942 emigrierte sie nach Südamerika und bereiste den Subkontinent; ihre Reportagen erschienen u.a. in amerikanischen Zeitschriften.

Nach Kriegsende kehrte sie mit drei Tonnen Lebensmitteln und Kleidung für ihre französischen Freunde zurück. Die Agentur Magnum verkaufte ihre Reportagen und Porträts international an Magazine. Anfang der 1960er Jahre begann die Zeit ihres Ruhms: die Erstausgabe ihrer Dissertation erschien auf Deutsch, die Studie *Photographie und bürgerliche Gesellschaft*. Diese politisch-soziologische Analyse der Fotografie gilt heute als Standardwerk. Unzählige Ausstellungen folgten. Sie starb mit 91 Jahren in Paris.

Nadine Prange: Mich macht Zeichnen glücklich, doch jedes Porträt ist eine neue Herausforderung. Und deshalb bin ich von Gisèle Freund fasziniert, die mit einem einzigen Foto so viel über einen Menschen erzählen kann.

»ICH WOLLTE SOZIOLOGIN WERDEN,

WEIL MICH DIE VIELFALT SOZIALER PROBLEME INTERESSIERTE.

ICH WURDE AUS NOTWENDIGKEIT FOTOGRAFIN.«

+++ +++ 1971 Aus Protest gegen den § 218 im deutschen Strafgesetzbuch, der Abtreibung unter Strafe stellt, bezichtigen sich im Magazin *Stern* 374 Frauen selbst, abgetrieben zu haben +++ 1971 führt als letztes

ILLUSTRIERT VON NADINE PRANGE

europäisches Land die Schweiz das Wahlrecht für Frauen auf Bundesebene ein. Immerhin hat eine Mehrheit von Männern zuvor in einer Volksabstimmung dafür gestimmt +++

AENNE BURDA

28. JULI 1909–3. NOVEMBER 2005

Sie wuchs in Offenburg als Tochter eines Lokomotivheizers in bescheidenen Verhältnissen auf. Die Höhere Handelsschule schloss sie als Klassenbeste ab und begann eine kaufmännische Lehre. Dann lernte sie Franz, den Sohn eines Druckereibesitzers kennen; der Doktor der Volkswirtschaft war zwar nicht reich, aber wollte – wie sie – nach oben. Sie heirateten und bekamen drei Söhne. Die Druckerei florierte, und Aenne zählte zu den bestangezogenen Frauen Offenburgs. Die Familienidylle bekam einen Riss, denn ihr Mann hatte ständig neue Geliebte. Als sie erfuhr, dass er einer von ihnen einen Modeverlag gekauft hatte, drohte sie ihm mit Scheidung – da kapitulierte er und schenkte seiner Frau 1949 den Verlag. Die Burdas vereinbarten Gütertrennung, wirtschafteten aber gemeinsam: er verdiente am Druck, sie am Verlag. Um Mode für normale Frauen erschwinglich zu machen, heftete sie Schnittmuster zum Nachschneidern der Kleider in ihre Zeitschrift *Burda Moden* ein, deren erste Nummer 1950 erschien. Die Auflage wuchs auf über vier Millionen Exemplare, das Magazin wurde in 17 Sprachen übersetzt, und 1989 war *Burda Moden* die größte Modezeitschrift der Welt. Für ihre Leserinnen war Aenne Burda mit ihren Leitartikeln eine lebenserfahrene Begleiterin und Ratgeberin. Sie und ihr Mann genossen den großen gemeinsamen Erfolg. Erst im Alter von 85 Jahren zog sie sich aus der Geschäftsführung zurück.

Sabine Kranz: Die Wirtschaftswunderfrau Aenne Burda besticht durch ihren energischen Geist. Mit der Erfindung der Schnittmusterbögen in ihrer Zeitschrift *Burda Moden* schenkte sie den Frauen Farbe und Spaß im Nachkriegsgrau.

»WAS DEN MÄNNERN ... AUTOMATISCH ZUGESTANDEN WIRD, DAS MÜSSEN SICH DIE FRAUEN DURCH IHRE INTELLIGENZ, IHR GESUNDES EMPFINDEN UND IMMENSEN FLEISS AUCH HEUTE NOCH ERKÄMPFEN.«

+++ 1972 Erich Honecker erklärt auf dem VIII. Parteitag der SED die Frauenfrage für weitgehend gelöst – etwas vollmundig, denn viele Frauen leiden unter der Doppelbelastung von Beruf und Hausarbeit +++

ILLUSTRIERT VON SABINE KRANZ

+++ 1972 In der Bundesrepublik Deutschland wird ein Rentenreformgesetz auf den Weg gebracht, in dem die Rentenversicherung für Hausfrauen geöffnet und eine flexible Altersgrenze eingeführt wird +++

MARION GRÄFIN DÖNHOFF

2. DEZEMBER 1909–11. MÄRZ 2002

Sie wuchs auf dem Familiensitz Friedrich-stein in Ostpreußen auf, der Vater war Reichstagsabgeordneter, die Mutter Palast-dame der Kaiserin. Nach dem Abitur studierte sie Volkswirtschaft in Frankfurt am Main. Die Machtergreifung trieb die »rote Gräfin«, eine bekennende Gegnerin der Nazis, nach Basel, wo sie 1935 promovierte. Danach reiste sie durch Europa, Afrika und die USA, bevor sie 1938 die Verwaltung ihres Familienguts über-nahm. Von 1940–1945 war sie als Kurier und Verbindungsfrau im Widerstand gegen Hitler aktiv. 1945 verließ sie Ostpreußen und be-gab sich mit ihrem Fuchs Alarich auf die sie-benwöchige Flucht nach Westen – danach bestieg die passionierte Reiterin nie wieder ein Pferd. 1946 trat sie in die Redaktion der Wochenzeitung *Die Zeit* ein. Ihre Artikel über ihre Erfahrungen im Widerstand machten sie ebenso bekannt wie ihre harsche Kritik an Adenauer. Die Autorin von mehr als 20 Bü-chern unterstützte später Willy Brandts Ost-politik. 1968 übernahm sie die Chefredaktion der *Zeit*, 1972 wurde sie deren Herausgeberin. In dieser Eigenschaft war sie Gesprächspart-nerin der führenden Politiker in der Welt. Sie wurde vielfach ausgezeichnet und gilt als eine der bedeutendsten Publizistinnen der bundes-deutschen Nachkriegszeit.

Britta Teckentrup: Ich habe Marion Gräfin Dönhoff porträtiert, weil sie ein Leben vol-ler Selbstbewusstsein, Mut und Engagement führte und sich als Frau in einer männerdomi-nierten Pressewelt durchgesetzt hat.

> »HÄTTEN WIR IN DIESEM NACHKRIEGSDEUTSCHLAND DER 50ER, 60ER JAHRE DIESEN UNERHÖRTEN GEDANKEN, JOURNALISTIN WERDEN ZU WOLLEN, EIGENTLICH WAGEN KÖNNEN OHNE DIESE EINE FRAU IN DEN ERSTEN RÄNGEN DES JOURNALISMUS?« ALICE SCHWARZER

+++ Annemarie Renger (SPD) ist die erste Präsidentin des Deutschen Bundestags +++ Die Volkskammer der DDR stellt Frauen den Schwangerschaftsabbruch in den ersten drei Monaten frei +++ 1972 Die SPD ge-

ILLUSTRIERT VON BRITTA TECKENTRUP

winnt die Bundestagswahl, wohl weil Frauen – lange Zeit der konservativere Teil des Wahlvolks – sich durch
die neue Frauenbewegung für die als frauenfreundlicher wahrgenommene SPD entschieden hatten +++

GERDA TARO

1. AUGUST 1910–26. JULI 1937

Geboren als Gerta Pohorylle wuchs sie in Stuttgart und Leipzig auf. Sie beteiligte sich an Flugblattaktionen gegen die Nazis, wurde im März 1933 verhaftet und emigrierte dann nach Paris, wo sie den ungarischen Fotografen André Friedman kennen und lieben lernte. Beide legten sich Pseudonyme zu, Friedman (wie Taro jüdischer Abstammung) wurde dabei zu Robert Capa. Sie erhofften sich, dadurch besser an Aufträge zu kommen. Gemeinsam gingen sie nach Spanien und fotografierten für internationale Zeitungen die Gräuel des Bürgerkriegs, in dem sie für die republikanische Seite Partei ergriffen. Während eines Angriffs der deutschen Legion Condor wurde Taro von einem republikanischen Panzer überrollt und starb. Am 1. August 1937 folgten zehntausende Menschen ihrem Sarg in Paris. Der Trauerzug, angeführt von Pablo Neruda und Louis Aragon, wurde zu einer Massendemonstration gegen den Faschismus. Warum ist sie so schnell vergessen worden? »Frau, Jüdin, Kommunistin, ein dreifaches Stigma«, erklärt ihre Biografin Irme Schaber, durch deren Recherchen Taro aus der Vergessenheit geholt wurde.

Christina Röckl: Gerda Taro setzte sich als erste Kriegsfotografin aktiv gegen den in Europa aufkommenden Faschismus ein. Mit einer klaren Haltung fotografierte sie im Spanischen Bürgerkrieg direkt von der Front und gilt zusammen mit Capa und Seymour als Wegbereiterin der modernen Kriegsberichterstattung im Bild.

»WENN DU DARAN DENKST, WIE VIELE MENSCHEN WIR KENNEN, DIE IN DIESEM KRIEG UMGEKOMMEN SIND, DANN IST ES FAST UNSOLIDARISCH, NOCH AM LEBEN ZU SEIN.«

+++ 1973 Der Bundestag setzt eine Enquete-Kommission »Frau und Gesellschaft« ein +++ 1974 Der Bundestag beschließt die »Fristenregelung«; die Abtreibung innerhalb der ersten drei Monate wird straffrei

ILLUSTRIERT VON CHRISTINA RÖCKL

+++ 1975 Einführung der Koedukation an öffentlichen Schulen in Österreich; in der BRD war sie in den 50er und 60er Jahren eingeführt worden, auf dem Gebiet der späteren DDR bereits 1945 +++

LOTTI HUBER

16. OKTOBER 1912–31. MAI 1998

Sie wurde 1912 als Tochter jüdischer Eltern in Kiel geboren, verliebte sich 1929 in Hillert Lueken, den Sohn des Oberbürgermeisters, und zog mit ihm nach Berlin, wo sie Ausdruckstanz studierte. Die beiden wurden 1937 wegen »Rassenschande« angezeigt; er wurde in der Untersuchungshaft ermordet, sie in ein KZ deportiert. Nach einem Jahr wurde sie freigekauft, emigrierte nach Palästina, arbeitete als Tänzerin, heiratete 1945 und machte ein Hotel in Zypern auf. Nach der Scheidung eröffnete sie ein eigenes Restaurant. 1960 ging sie mit dem britischen Oberst Norman Huber nach London, heiratete ihn und eröffnete erneut ein Restaurant. Mitte der 60er Jahre zogen die beiden nach Berlin. Als Norman 1972 starb, war sie mittellos und schlug sich als Propagandistin in Warenhäusern und Markthallen, als Statistin und Übersetzerin von Trivialliteratur durch. 1981 lernte sie Rosa von Praunheim kennen, drehte einige Filme mit ihm und schrieb ihre Autobiographie. Mit 78 Jahren wurde die Schauspielerin, Sängerin, Tänzerin, Hotelbesitzerin und avantgardistische Künstlerin zum Star!

Katharina Schmidt: Lotti Huber ist es gelungen, ihr Leben bis zum Schluss kreativ und sinnlich zu gestalten. Und ihren mädchenhaften Charme und Humor bewahrte sie sich in allen Lebenslagen.

»ICH BIN NICHT DIE ALTE, WEISE FRAU, DIE ERHABEN ÜBER DEM LEBEN STEHT. ICH RISKIERE, ICH FORDERE HERAUS, ICH WILL MITTENDRIN STEHEN. JA, DAS LEBEN IST FÜR MICH EINE GROSSARTIGE REISE – UND GANZ BESTIMMT KEIN WARTESAAL.«

+++ 1975 Auch in Österreich wird der Schwangerschaftsabbruch bis zum dritten Monat straffrei +++ 1975 Frauen in Österreich dürfen jetzt ohne Zustimmung des Ehemanns arbeiten +++ 1975 Frauen dürfen jetzt in

ILLUSTRIERT VON KATHARINA SCHMIDT

der deutschen Bundeswehr dienen – als Ärztinnen +++ 1975 Frauen, die gesetzlich krankenversichert sind, haben in der BRD jetzt Anspruch auf Beratung zur Empfängnisverhütung +++

HERTA HEUWER

30. JUNI 1913–3. JULI 1999

Die in Königsberg als sechstes Kind Geborene machte erst eine kaufmännische Ausbildung in Berlin, danach eine Lehre zur Schneiderin. Ab 1946 verkaufte sie Bockwürste und Fischbrötchen in Charlottenburg, ab 1949 mit eigenem Kiosk in der Kantstraße, Ecke Kaiser-Friedrich-Straße. 1949 erfand sie die »Spezial-Curry-Bratwurst« begossen mit ihrer »Chillup«-Sauce. Das Geschäft brummte. Sie arbeitete täglich 18 Stunden und hatte bald 19 Angestellte. Es gibt viele andere in Deutschland, die behaupten, die Currywurst erfunden zu haben, aber das hat sie nie hingenommen …

Selda Marlin Soganci: Ich habe mir Herta Heuwer ausgesucht, eine Trümmerfrau, Imbissbetreiberin, Besitzerin eines Waffenscheins und Vollblut-Unternehmerin. Sie hat sich »durchgebissen«, und auch in schweren Zeiten Mut, Kreativität und Durchsetzungsvermögen bewiesen. Das beeindruckt mich. Sie gilt als Erfinderin der Currywurst. Ihre scharfe »Chillup-Sauce« mit zehn indischen Gewürzen ließ sie mit einem Warenzeichen schützen und nahm das Rezept dafür mit ins Grab. Als Zeichnerin und Mitglied des Deutschen Wurstinstituts war mir dieses Porträt eine große Freude und Ehre.

»… ICH HABE DAS PATENT – UND DAMIT BASTA. WER ETWAS ANDERES BEHAUPTET, DER HAT EINEN STICH.«

+++ 1976 Die Fristenregelug von 1974 in der Bundesrepublik Deutschland wird vom Verfassungsgericht kassiert. An ihre Stelle tritt jetzt die »Indikationsregel« bei Schwangerschaftsabbrüchen: Nur wenn der

ILLUSTRIERT VON SELDA MARLIN SOGANCI

MERET OPPENHEIM

6. OKTOBER 1913–15. NOVEMBER 1985

Geboren ist sie in Berlin als Tochter eines deutschen Arztes und einer Schweizerin. Nach dem Ersten Weltkrieg zog die Familie in die Nähe von Basel. Sie ging 1932 kurz vor dem Abitur nach Paris, um Künstlerin zu werden und fand schnell Anschluss an die Surrealistengruppe um André Breton und Hans Arp. Zu Anfang nannten die Kollegen sie gönnerhaft das »Meretlein«, dann luden sie sie allerdings als einzige Frau ein, beim »Salon des Surindépendants« auszustellen. Von da ab nahm sie regelmäßig an Ausstellungen der Gruppe teil. Ihre berühmte Pelztasse (*Déjeuner en fourrure*) entstand 1936; sie gilt als Ikone des Surrealismus. Mitte der 1930er Jahre stürzte Meret Oppenheim in eine Schaffenskrise, verließ Paris, heiratete 1949 Wolfgang La Roche und lebte mit ihm bis zu seinem Tod 1967 in Bern. 1954 war ihre Krise überwunden, es begann eine intensive Schaffensphase, dabei griff sie oft auf Ideen ihrer Pariser Zeit zurück. Ihre Werke wurden jetzt vielfach ausgestellt und ausgezeichnet. Kurz vor ihrem Tod wurde sie Mitglied der Akademie der Künste in Berlin. Unabhängigkeit und Freiheit waren ihr Lebensthema, weibliche Rollenzuschreibungen lehnte sie ab.

Jutta Bauer: Meret Oppenheim war eine außergewöhnlich schöne, begabte und emanzipierte Frau. Es gibt kaum eine Künstlerin, deren Arbeit mich so anregt, fasziniert und auch amüsiert.

»FREIHEIT WIRD EINEM NICHT GEGEBEN, MAN MUSS SIE SICH NEHMEN.«

+++ 1976–1993 Die anhaltende Diskussion über das Abtreibungsrecht in der Bundesrepublik führt zur schleichenden faktischen Wiedereinführung der Fristenregelung, da Ärzte und Gerichte die Indikationen

ILLUSTRIERT VON JUTTA BAUER

oft großzügig auslegen. 1993 sanktioniert das Verfassungsgericht diese Praxis, indem es den Schwangerschaftsabbruch in den ersten 12 Wochen für rechtswidrig, aber straffrei erklärt +++

GRETEL BERGMANN

12. APRIL 1914–25. JULI 2017

Sie wuchs in Schwaben in einer angesehenen jüdischen Familie auf. Von früh an war sie sportbegeistert und konnte in der Leichtathletikabteilung des Ulmer Fußballvereins systematisch trainieren. Der Hochsprung war ihre Paradedisziplin. Ihre Zukunft schien vorgezeichnet, und ihr großes Ziel war die Teilnahme an den Olympischen Spielen 1936 in Berlin. Doch 1933, kurz vor ihrem 19. Geburtstag, teilte ihr der Ulmer FV mit, dass der Verein sie ausgeschlossen hatte. Der Vater schickte sie nach England. Doch als vor allem die Amerikaner wegen des Ausschlusses jüdischer SportlerInnen mit einem Olympiaboykott drohten, holten die Deutschen sie, eine der besten Hochspringerinnen der Welt, zurück. Sie trainierte eisern. Die deutschen Sportfunktionäre wiederum warteten, bis das Schiff mit der US-Olympiamannschaft in New York abgelegt hatte und nicht mehr zurückbeordert werden würde. Dann teilten sie ihr mit, dass ihr Traum von Olympia geplatzt wäre. Sie verließ Deutschland Richtung USA und nahm sich vor, nie wieder einen Fuß auf deutschen Boden zu setzen. Erst 1996 wurde sie vom deutschen Olympischen Komitee als Ehrengast zu den Spielen in Atlanta eingeladen, und dort, im Kontakt mit den jungen deutschen SportlerInnen, begann ihr Hass auf alles Deutsche aufzuweichen.

Doro Petersen: Schlank, langbeinig, schön und so zielstrebig und aufrecht erscheint mir Hochspringerin Gretel Bergmann auf den historischen schwarzweißen Fotos, als ich zu ihrer Biografie recherchiere. Wie muss sie die Ungerechtigkeit und Demütigung, von den Nazis von ihrem Verein, ihrem Sport und der Olympiateilnahme ausgeschlossen worden zu sein, getroffen haben. Im Sport sollte es doch fair zugehen! Bewundernswert ist, dass sie im Alter die Bitterkeit loslassen konnte und Deutschland doch noch einmal besuchte.

»ICH HABE MEINEN INNEREN FRIEDEN

GESUCHT UND GEFUNDEN.«

+++ 1976 In Köln und Berlin werden die ersten Frauenhäuser Deutschlands eingerichtet +++ 1977 Alice Schwarzer gründet die feministische Zeitschrift *Emma* +++ 1977 In der BRD wird das Ehe- und Familien-

ILLUSTRIERT VON DORO PETERSEN

recht reformiert: Bei Scheidungen gilt das Zerrüttungs- anstelle des Schuldprinzips. Der Partner, der nach einer Scheidung nicht für sich selbst sorgen kann (meist die Frau) hat einen Unterhaltsanspruch +++

UNICA ZÜRN

6. JULI 1916–19. OKTOBER 1970

Die Schriftstellerin, Zeichnerin und Grafikerin kam in Berlin als Nora Berta Ruth Zürn zur Welt. Nach der Schulzeit arbeitete sie in der Schnitt-Abteilung der UFA, später in der Werbefilm-Dramaturgie. 1949, nach der Trennung von Mann und zwei Kindern, begann sie, Geschichten für Berliner Zeitungen zu schreiben. 1953 begegnete sie Hans Bellmer und folgte ihm nach Paris. Ihre skurrilen, surrealen Zeichnungen wurden in vielen Galerien gezeigt, auch 1959 auf der documenta II. Anfang der 60er Jahre wurde bei ihr Schizophrenie diagnostiziert, sie musste immer wieder lange Zeiten in der Psychiatrie verbringen.

Am 19. Oktober 1970 beging die Verzweifelte Selbstmord, durch einen Sprung aus einem Fenster der Wohnung Bellmers. Sie hat in den Pariser Jahren insgesamt 123 Anagramme verfasst, die zur schönsten deutschen Lyrik zählen. Ihre Anagramme und gezeichneten Fabelwesen treten in immer wieder neue Beziehungen zueinander. Die Bilder sind mehr als Illustrationen zum Text, die Texte sind mehr als Unterschriften zum Bild.

Kitty Kahane: Ich habe mir Unica Zürn ausgesucht, eine »Gespensterbraut«, eine Traumhafte, Unergründliche, die mich mit ihren filigranen Fabelwesen überrascht.

»DIE ZEIT DAMALS [DAS BERLIN DER NACHKRIEGSZEIT] WAR WIE EIN FENSTER IN EINE ANDERE WELT FÜR MICH.«

+++ 1979 In der Bundesrepublik Deutschland wird ein Mutterschafts-»Urlaub« eingeführt: Zusätzlich zum Mutterschutz, der sechs Wochen vor und acht Wochen nach der Niederkunft beträgt, kann jede Frau einen

ILLUSTRIERT VON KITTY KAHANE

viermonatigen Mutterschafts-»Urlaub« nehmen, in dem ihr der Arbeitsplatz garantiert bleibt und in dem sie finanziell unterstützt wird +++

MARGARETE MITSCHERLICH

17. JULI 1917–12. JUNI 2012

Die deutsche Psychoanalytikerin und Ärztin war Autorin zahlreicher Bücher. Gemeinsam mit ihrem Mann, dem Arzt und Psychoanalytiker Alexander Mitscherlich, schrieb sie das Buch *Die Unfähigkeit zu trauern*, das viele Diskussionen im Nachkriegsdeutschland auslöste. Das Buch behandelt die Verdrängung der Naziverbrechen, die doch aus der Mitte der Gesellschaft geschahen, durch die Deutschen. 1969 erhielt Alexander Mitscherlich hierfür den Friedenspreis des Deutschen Buchhandels. Ihr hätte der Preis selbstverständlich ebenso gebührt. Und bei der Preisverleihung sollte sie sogar in der zweiten Reihe sitzen. Dies ließ sie sich aber nicht gefallen. Bis ins hohe Alter forschte und schrieb sie über die Befreiung von herkömmlichen Denk- und Rollenmustern, Vorurteilen und Ideologien. Sie gilt als eine der bedeutendsten Psychoanalytikerinnen Deutschlands, die auch wegen ihrer humorvollen, geistreichen und kämpferischen Art respektiert und verehrt wurde.

Regina Kehn: Margarete Mitscherlich ist eine Person, in der sich scharfer Verstand, große Persönlichkeit mit unglaublicher Herzenswärme mischt.

»DIE ZUKUNFT IST WEIBLICH

ODER ES GIBT SIE NICHT!«

+++ 1979 Die UNO-Vollversammlung beschließt eine Konvention gegen jede Art von Diskriminierung der Frau (CEDAW), die 1981 als völkerrechtlich verbindliches Dokument in Kraft tritt. Fast alle größeren Staa-

ILLUSTRIERT VON REGINA KEHN

BEATE UHSE

25. OKTOBER 1919–16. JULI 2001

Sie wuchs als Tochter einer Ärztin und eines Gutsbesitzers in Ostpreußen auf. Seit 1936 war sie eine leidenschaftliche Fliegerin, 1939 heiratete sie ihren Fluglehrer. Während des Zweiten Weltkriegs überführte sie Jagdbomber an die Front. Im April 1945 flüchtete sie mit Sohn und Kindermädchen mit einem Leichtflugzeug nach Flensburg. Nach Kriegsende hielt sich die Witwe als Handlungsreisende in Schleswig-Holstein über Wasser, lernte dabei die privaten Probleme der Landfrauen kennen und startete 1946 ihre erste kommerzielle Aufklärungskampagne. Auch ihr Leitfaden zur Empfängnisverhütung stieß in den Nachkriegsjahren auf große Nachfrage. 1950 gründete sie das Versandhaus Beate Uhse in Flensburg. Die überzeugte Naturistin wollte erotische Handelsartikel durch solide Aufklärung und diskrete Versandbedingungen aus der Tabuzone herausholen, kassierte dafür aber, bis das Sexualstrafrecht 1975 liberalisiert wurde, immer wieder Strafanzeigen von frommen Sittenschützern. Wirtschaftlich jedoch war ihr Unternehmen sowie ihr 1962 gegründetes »Fachgeschäft für Ehehygiene« in Flensburg – der erste Sex-Shop der Welt – sehr erfolgreich. 1989 erhielt sie das Bundesverdienstkreuz, 1996 wurde in Berlin ein »Beate Uhse Erotik-Museum« eröffnet. Nun wurde die von Feministinnen auch Kritisierte nicht nur als Unternehmerin gewürdigt, sondern ebenso für ihren Beitrag zur sexuellen Aufklärung der deutschen Gesellschaft.

Tina Kraus: Ich habe Beate Uhse porträtiert, weil ich es bewundernswert finde, dass sie mit ihrer Aufklärungsarbeit als eine der ersten für eine sexuelle Selbstbestimmung der Frauen gekämpft hat.

»DER KOSTBARSTE BESITZ DER FRAU

IST DIE PHANTASIE DES MANNES.«

+++ 1979 Ein Gleichbehandlungsgesetz von Männern und Frauen für die Privatwirtschaft in Österreich tritt in Kraft +++ 1979 Das Bundesverfassungsgericht erklärt den Haushaltstag für Frauen, den es in einigen

ILLUSTRIERT VON TINA KRAUS

Bundesländern noch immer gibt, für verfassungswidrig, da Frauen und Männer damit ungleich behandelt werden +++

SOPHIE SCHOLL

Sie wuchs mit vier Geschwistern in Forchtenberg als Tochter des Bürgermeisters auf. Sie war ein naturverbundenes, musikalisch begabtes Mädchen, dabei willensstark, lebensfroh und zu Zeiten grüblerisch. Die Geschwister waren einander sehr eng verbunden und wurden von den Eltern liebevoll und freiheitlich erzogen. Als Hitler an die Macht kam, warnte der liberal eingestellte Vater seine Kinder vor den Nazis, doch die traten begeistert der Hitlerjugend bei. Als aber die Diskriminierung jüdischer Mitschüler und Lehrer begann, als die Sprache der Nazis immer hetzerischer wurde, besannen sie sich anders. Sophie wollte Philosophie studieren, musste aber vorher den verhassten »Kriegshilfsdienst« ableisten. 1942 zog sie nach München, wo der Bruder Hans studierte. Schnell bildete sich ein Kreis Gleichgesinnter, die »Weiße Rose«, die gegen den Krieg und die Diktatur Hitlers aufbegehrten. Sie druckten Flugblätter, die zum Sturz des Regimes aufriefen, und Sophie und Hans wurden beim Auslegen von Flugblättern erwischt. Nach anfänglichem Leugnen bekannten sie sich zum Widerstand. Sie wussten, dass dies ihr Todesurteil bedeutete, glaubten aber, dass es das deutsche Volk so aufrütteln würde, dass das Regime mit ihnen unterginge. Sie wurden am 22.2.1943 zum Tode durch Enthaupten verurteilt. Die verzweifelten Eltern reichten noch ein Gnadengesuch ein, doch das Urteil wurde sofort vollstreckt. »Sie wurden abgeführt, zuerst das Mädchen. Sie ging, ohne mit der Wimper zu zucken. ... Der Scharfrichter sagte, so habe er noch niemanden sterben sehen«, berichtete ein Gefängniswärter.

Seda Demiriz: Sophie Scholl hält bis heute das Andenken an die Menschen, die während des Dritten Reichs unter Einsatz ihres Lebens Widerstand leisteten, wach.

> »SO EIN HERRLICHER TAG, UND ICH SOLL GEHEN. ABER WAS LIEGT AN UNSEREM LEBEN, WENN WIR ES DAMIT SCHAFFEN, TAUSENDE VON MENSCHEN ... WACHZURÜTTELN.«

AM TAG IHRER HINRICHTUNG

+++ 1980 In Kopenhagen findet die Zweite Weltfrauenkonferenz statt. Dabei unterzeichnet die Bundesrepublik Deutschland das bereits 1979 formulierte internationale Abkommen zur Beseitigung jeder Art von

ILLUSTRIERT VON SEDA DEMIRIZ

Diskriminierung der Frau +++ 1980 Der Deutsche Bundestag verabschiedet ein Gesetz zur Gleichbehandlung von Frauen und Männern am Arbeitsplatz +++

HILDEGARD HAMM-BRÜCHER

11. MAI 1921–7. DEZEMBER 2016

Mit elf war sie Vollwaise und kam mit drei Geschwistern zur Großmutter nach Dresden. 1942 nahm sich die streng protestantische Großmutter jüdischer Herkunft vor dem Abtransport ins KZ das Leben. Hildegard schaffte es, als »Halbjüdin« in München Chemie zu studieren (der Nobelpreisträger Heinrich Wieland hielt seine schützende Hand über sie) und bewegte sich im Umfeld der »Weißen Rose«. Sie promovierte und ging 1948 in die Politik: eine 27-jährige, idealistische, zielbewusste Frau unter lauter arroganten Männern. Sie heiratete den Vater ihres heimlich geborenen unehelichen Sohnes (später kam noch eine Tochter hinzu) und erkämpfte sich das Recht, einen Doppelnamen zu tragen. Sie saß für die FDP im Bayerischen Landtag und im Bundestag, war Staatsministerin im Auswärtigen Amt. Mit ihrer Rede gegen das Misstrauensvotum von 1982 gegen Bundeskanzler Helmut Schmidt stellte sie sich gegen ihre eigene Fraktion. 1994 kandidierte sie als erste Frau für das Amt des Bundespräsidenten, 2002 trat sie nach 54 Jahren aus der FDP aus. Sie erhielt zahlreiche Ehrungen und wurde 1995 als erste Frau Ehrenbürgerin der Stadt München. Ein Leben lang hat sie für demokratisches Denken und Frauenrechte gekämpft.

>»ES GEHT DARUM, DASS MÄNNER UND FRAUEN WIRKLICH EBENBÜRTIG SIND ... FÜR MICH IST DER AUFSTIEG DER FRAUEN DIE GRÖSSTE GESELLSCHAFTSPOLITISCHE LEISTUNG DER BUNDESREPUBLIK.«

+++ 1980 Die Enquete-Kommission »Frau und Gesellschaft« des Deutschen Bundestags legt ihren Abschlussbericht vor, in dem sie Maßnahmen zur Beseitigung der Benachteiligung von Frauen und Mädchen

ILLUSTRIERT VON LAURA BREILING

in Ausbildung und Beruf anregt +++ 1980 In der BRD wird das Höchsteintrittsalter im öffentlichen Dienst für Frauen, die wegen Kindererziehung ihre Ausbildung unterbrochen haben, angehoben +++

HILDEGARD KNEF

28. DEZEMBER 1925–1. FEBRUAR 2002

Sie wuchs in Berlin auf, begann mit fünfzehn eine Ausbildung als Zeichnerin in der Trickfilmabteilung der UFA, wurde dort vom damaligen UFA-Filmchef »entdeckt« und erhielt eine Ausbildung zur Schauspielerin. Bereits 1944 trat sie erstmals im Film auf. Berühmt-berüchtigt wurde sie, als sie in dem Film *Die Sünderin* für einige Sekunden nackt auf der Leinwand erschien – das ganze Nachkriegsdeutschland spielte verrückt. Von 1948 bis 1957 war sie in den USA, u.a. war sie bei der 20th Century Fox unter Vertrag. Ob als Schauspielerin im Film oder im Theater, als Sängerin, Schriftstellerin oder Malerin, stets war sie erfolgreich. Ihre 1970 erschiene Autobiografie *Der geschenkte Gaul* war ein weltweiter Bestseller. Trotz ihrer vielen Krankheiten – etwa 60 Operationen überstand sie – arbeitete sie oft bis zur Erschöpfung. Stets war sie es, die den Lebensunterhalt für den jeweiligen Ehemann und die Tochter verdiente – mehr als ungewöhnlich für eine Frau ihrer Generation. Im Gegenzug organisierten die Ehemänner ihr Berufs- und Alltagsleben.

Riikka Laakso: Ich habe Hildegard Knef illustriert, weil ich ihre Musik und ihre starke Persönlichkeit schon seit langer Zeit bewundere.

»BRÜLLT EIN MANN, IST ER DYNAMISCH, BRÜLLT EINE FRAU, IST SIE HYSTERISCH.«

+++ 1980 In der BRD erhält die erste Dachdeckerin ihren Meisterbrief +++ 1981 Der Grundsatz der Gleichbehandlung von Männern und Frauen wird in die Schweizer Verfassung aufgenommen +++ 1984 Die »Stif-

ILLUSTRIERT VON RIIKKA LAAKSO

tung Mutter und Kind – Schutz des ungeborenen Lebens« wird in der Bundesrepublik Deutschland per Gesetz aus der Taufe gehoben. Arme Frauen werden finanziell unterstützt, damit sie nicht abtreiben +++

INGEBORG BACHMANN

25. JUNI 1926–17. OKTOBER 1973

Die Klagenfurterin wuchs in Kärnten auf, doch 1938 kam der Moment »der meine Kindheit zertrümmerte. Der Einmarsch von Hitlers Truppen … es war etwas so Entsetzliches … dieses Brüllen, Singen und Marschieren«. Nach dem Krieg studierte sie Philosophie, Psychologie und Germanistik und promovierte 1950 über Heideggers Sprachphilosophie. Sie war in regem Austausch mit Paul Celan und Ilse Aichinger, verfasste 1952 ihr erstes Hörspiel, bekam 1953 den Preis der Gruppe 47 für die *Gestundete Zeit*, ein schmaler Gedichtband, der ihren Ruhm begründete. Sie schrieb Libretti für Hans Werner Henze, Essays, Romane und wurde als literarisches Ausnahmetalent gefeiert. Ab 1953 lebte sie in Italien. Sie schrieb an gegen die Verdrängung der NS-Vergangenheit und gegen die Grenzen der Sprache: »Keine neue Welt ohne neue Sprache«. Und sie schrieb an gegen das Missverständnis zwischen den Geschlechtern, besonders während ihrer legendär anstrengenden Beziehung zu Max Frisch. Doch als sie öffentlich Zweifel am lyrischen Sprechen äußerte, folgten ihr die Leser und das Feuilleton nicht. Das hat sich allerdings, seit über »weibliches Schreiben« diskutiert wird, geändert. Sie wurde vielfach ausgezeichnet, u.a. mit dem Büchnerpreis und dem Österreichischen Staatspreis. Ihr lyrischer Anspruch war hoch, keine Kompromisse sollte es in ihrem Werk geben, weder ästhetischer noch inhaltlicher Art. Sie, die an den Folgen eines Brandunfalls starb, gilt noch immer als eine der bedeutendsten deutschsprachigen Schriftstellerinnen des 20. Jahrhunderts.

Julia Krusch: Nachdem ich *Jugend in einer österreichischen Stadt* gelesen hatte, habe ich Ingeborg Bachmanns Werk verschlungen und komme immer wieder gerne zu dieser Kurzgeschichte zurück.

»DIE PSEUDOMODERNE FRAU MIT IHRER QUÄLENDEN TÜCHTIGKEIT UND ENERGIE IST FÜR MICH IMMER HÖCHST SELTSAM UND UNVERSTÄNDLICH GEWESEN.«

+++ 1985 Das Beschäftigungsförderungsgesetz in der BRD bringt Frauen, die wegen Kindererziehung aus ihrem Beruf ausgeschieden sind, erleichterten Zugang zu Umschulungen und Fortbildungen. Teilzeitarbeit

ILLUSTRIERT VON JULIA KRUSCH

wird arbeitsrechtlich besser abgesichert +++ 1985 Eine Novelle zum Hochschulrahmengesetz in der BRD
verlangt von den Hochschulen, Nachteile für Wissenschaftlerinnen zu beseitigen +++

ANNE FRANK

Sie wurde in Frankfurt am Main geboren, doch schon 1933, wenige Wochen nach Hitlers Machtergreifung, nahm ihr Vater das Angebot an, in Amsterdam eine Opekta-Niederlassung aufzubauen, und die Familie zog dorthin. Ab Juli 1942 wurde es für Juden auch im von den Deutschen besetzten Holland gefährlich, und die Familie lebte von nun an versteckt in einem Hinterhaus. An ihrem 13. Geburtstag bekam Anne ein Tagebuch geschenkt: *Ich hoffe, dass ich Dir alles anvertrauen kann …* schrieb sie und tatsächlich tat sie eben das. Im Mai 1944 hörte sie heimlich im Radio, dass die Unterdrückung durch die Nazis nach Kriegsende durch ganz alltägliches Material dokumentiert werden sollte. Da begann sie ihre Tagebucheinträge zu überarbeiten, entfernte, was ihr zu intim erschien. Es gilt als gesichert, dass das Versteck der Familie Frank verraten wurde: Sie wurde im August 1944 nach Auschwitz verschleppt. Am 30. Oktober wurde selektiert, und die drei Frauen der Familie Frank kamen nach Bergen-Belsen, die anderen in die Gaskammern. Nach der mörderischen Brutalität im Vernichtungslager Auschwitz erlebten sie in Bergen-Belsen langsames Sterben: unzählige Leichen lagen herum. Durst, Hunger, Kälte und die Krätze bestimmten alles. Zuerst starb Annes Mutter, dann ihre Schwester, und im März 1945 sie selbst.

Moni Port: An Anne Frank beeindruckt mich die Intuition (und Präzision), mit der sie schon in sehr jungen Jahren die gesellschaftlichen Ereignisse und sich selbst reflektierte. Erst mit 13 Jahren begann sie ihr berühmtes Tagebuch, das mich bis heute sehr bewegt.

»ICH HABE DIR EINMAL ERZÄHLT, DASS ICH EIGENTLICH NICHT EINE, SONDERN ZWEI SEELEN HABE. … MEINE LEICHTE, OBERFLÄCHLICHE ART WIRD DER TIEFEN IMMER ÜBER SEIN UND SIE BESIEGEN.« LETZTE EINTRAGUNG AM 1. AUGUST 1944

ILLUSTRIERT VON MONI PORT

Umfrage in der deutschen Wirtschaft zufolge sind von 54 000 Führungskräften 2000 Frauen. Eine Befragung ergibt, das Chefinnen besser akzeptiert werden als noch vor sechs Jahren +++

CHRISTINE NÖSTLINGER

13. OKTOBER 1936–28. JUNI 2018

Sie wuchs in Wien in einer sozialistischen Arbeiterfamilie auf und lebte bis zu ihrem Tod in Wien. Nach der Matura wollte sie eigentlich Malerin werden, studierte dann aber Gebrauchsgrafik, heiratete, bekam zwei Mädchen und begann für Tageszeitungen und Magazine zu arbeiten. Sie schrieb auch Drehbücher für den ORF und moderierte eigene Hörfunksendungen. 1970 schrieb und zeichnete sie ihr erstes Kinderbuch *Die feuerrote Friederike*, das auf Anhieb ein Erfolg wurde. Seitdem hat sie mehr als 100 Bücher veröffentlicht und gilt als eine der bedeutendsten und engagiertesten Kinder- und Jugendbuchautorinnen der Gegenwart. In ihren Büchern thematisierte sie immer wieder, wie wichtig es ist, sich gegen Ungerechtigkeiten zu wehren. Zeitlebens hat sie sich ganz besonders für die Rechte von Kindern eingesetzt, für die Selbstbestimmung von Mädchen und für eine tolerante und weltoffene Gesellschaft.

Silke Schmidt: Mit den Büchern von Christine Nöstlinger bin ich aufgewachsen. Ich liebe ihre ungeschönten Alltagsbeobachtungen. Mein Lieblingsbuch *Gretchen Sackmeier* hat mich glücklicherweise dazu gebracht, alle Geschlechterrollen, die mir als Kind vorgelebt wurden, zu hinterfragen.

»UM ZU WISSEN, WAS IHR LAUT SCHREIEN SOLLT, UM ZU WISSEN, WOFÜR IHR KÄMPFEN SOLLTET, UM ZU WISSEN, WO IHR MIT DEM VERÄNDERN ANFANGEN SOLLT, KÖNNEN BÜCHER EINE HILFE SEIN, DIE IHR VON SONST NIEMANDEM BEKOMMT.«

+++ 1986 Am Abend des 30. April treffen sich etwa 150 Frauen am Stachus in München und ziehen während der Walpurgisnacht lärmend durch die Stadt. Die Demonstration ist unangemeldet, und die Polizei greift

ILLUSTRIERT VON SILKE SCHMIDT

ein +++ 1986 Prominente Modeschöpfer versuchen den Wickelrock für Männer durchzusetzen, als Zeichen der Gleichberechtigung. Junge Frauen tragen bevorzugt sehr kurze Miniröcke zu langen Mänteln +++

WIBKE BRUHNS

*8. SEPTEMBER 1938

Sie wurde als eines von fünf Kindern des Kaufmanns und SS-Offiziers Hans Georg Klamroth und dessen Frau Else geboren. Ihr Vater wurde 1944 als Mitwisser des gescheiterten Hitler-Attentats vom 20. Juli 1944 verurteilt und in Plötzensee hingerichtet. Mit 22 Jahren begann Bruhns, in der Medienbranche zu arbeiten, und volontierte bei der Bild-Zeitung. Schon als Studentin war sie der SPD beigetreten. 1971 präsentierte sie als erste Frau die heute-Nachrichten, was empörte Proteste auslöste. Nach dem frühen Tod ihres Mannes zog sie als *Stern*-Korrespondentin mit ihren zwei kleinen Töchtern nach Israel und später in die USA. Anschließend leitete sie die Kulturredaktion beim ORB. Das Leben ihres Vaters verarbeitete sie in dem Bestseller *Meines Vaters Land*. Sie ist eine engagierte Chronistin der deutschen Nachkriegsgeschichte, kannte maßgebliche Akteure der Bonner Republik, war immer mittendrin und ganz nah dran. Heute lebt sie als freie Autorin in Berlin.

Julia Bernhard: Ich habe mir Wibke Bruhns ausgesucht, weil sie Vorreiterin in einer männerdominierten Domäne war und Frauen den Weg in die Medienlandschaft ebnete.

»DURCH MEINEN VATER HABE ICH GELERNT,

WOVOR ICH MICH ZU HÜTEN HABE.

WOFÜR ES SICH EINZUTRETEN LOHNT,

HABE ICH SELBST LERNEN MÜSSEN.«

+++ 1986 In der BRD wird jetzt bei der Rentenberechnung die Erziehung je eines Kindes mit einem zusätzlichen Jahr Beschäftigungszeit gleichgesetzt. Dadurch soll das Rentenniveau für Frauen, das deutlich unter

ILLUSTRIERT VON JULIA BERNHARD

dem von Männern liegt, angehoben werden +++ 1987 Die Lehrpläne in Österreich werden dahingehend geändert, dass auch die Buben »Hauswirtschaft« und die Mädel »geometrisches Zeichnen« lernen können +++

ROMY SCHNEIDER

23. SEPTEMBER 1938–29. MAI 1982

Wenn es nach mir ginge, würde ich sofort Schauspielerin werden. So wie Mammi«, hatte sie als 14-jährige in ihr Tagebuch geschrieben. Mit 15 spielte sie bereits an der Seite ihrer Mutter Magda Schneider. Von 1954–1957 verkörperte sie in vier Filmen die eine Rolle, die sie nie mehr los wurde: »Die Sissi pappt an mir wie Grießbrei«. Auf der Suche nach anspruchsvolleren Rollen ging sie 1958 nach Paris; in den 1970ern avancierte sie als erste Deutsche zur erfolgreichsten Schauspielerin Frankreichs. Zweimal wurde sie mit dem César ausgezeichnet. Weniger erfolgreich verlief hingegen ihr Privatleben. Die Beziehung zu Alain Delon scheiterte, ebenso ihre Ehe mit Harry Meyen, dem Vater ihres 1966 geborenen Sohnes. Die Ehe mit ihrem Privatsekretär – 1977 wurde die gemeinsame Tochter geboren – endete im Desaster. Ihr Sohn David lebte nicht ständig bei ihr, sondern auch bei den Eltern des Vaters, und dort verunglückte er 1981 tödlich. Schon lange, so hieß es, nahm sie Schlaf- und Aufputschmittel und trank zu viel. Sie starb in ihrer Wohnung in Paris: »Natürliches Ableben durch Herzinfarkt«. Der letzte Film dieser Ausnahmeschauspielerin war wenige Wochen vor ihrem Tod erschienen. **Seda Demiriz:** Ein Regisseur soll gesagt haben »Romy ist eine Herausforderung«. Ich stimme zu, denn ich brauchte ziemlich viele Entwürfe, um sie zu zeichnen – vielleicht wegen ihrer Ausstrahlung, die nur schwer einzufangen ist.

»ICH KANN NICHTS IM LEBEN,
ABER ALLES AUF DER LEINWAND.«

+++ 1987 In Frankfurt am Main wird die erste Professur mit dem Schwerpunkt Frauenforschung vergeben
+++ 1988 Erster informeller Frauenministerrat der Europäischen Gemeinschaft (EG) +++

ILLUSTRIERT VON SEDA DEMIRIZ

+++ 1988 Die SPD führt eine Frauenquote von 33% für Ämter und Mandate ein, sie wurde 1998 auf 40% angehoben +++

NICO

16. OKTOBER 1938–18. JULI 1988

Geboren als Christa Päffgen in Köln, trat Nico bereits 1955 auf Modeschauen in Paris auf und spielte sich in Fellinis *La Dolce Vita* selbst. Sie lernte Alain Delon kennen, bekam 1962 einen Sohn, den Delon nie anerkannt hat – der aber bei dessen Mutter aufwuchs. Dank Andy Warhol wurde sie nach ihrer Modelkarriere das schöne Gesicht der Band Velvet Underground. Wer weiß, ob die Band außerhalb von Warhols Factory bekannt geworden wäre ohne Nicos somnambulen Gesang. Drogen bestimmten schon zu dieser Zeit ihr Leben; es heißt, sie habe äußerlichen Verfall bewusst in Kauf genommen, um ihr ungeliebtes Image als singendes Fotomodell zu sabotieren. Dann startete sie ihre Solokarriere und wurde wegweisend für Musikrichtungen wie Gothic oder Punk. Zum Schluss lebte sie nur noch für die Drogen. Das wohl schönste Denkmal hat ihr Susanne Ofteringer mit dem Dokumentarfilm *Nico Icon* gesetzt.

Tanja Székessy: Ich habe mir Nico ausgesucht, weil sie ein auffällig schönes Gesicht hatte und mit beeindruckender Nonchalance ungewöhnlich schräg sang. Sie hat die sich ihr bietenden Chancen im Leben aufgegriffen – inklusive der in den 60ern üblichen Drogen – und frei gelebt. Sie rührt mich, ebenso wie die Facebookseite ihres Sohnes Ari.

»I AM TRULY UNIQUE

– ICH BIN WAHRLICH EINZIGARTIG.«

ILLUSTRIERT VON TANJA SZÉKESSY

+++ 1990 Johanna Dohnal (SPÖ) wird Österreichs erste Frauenministerin +++

BEATE KLARSFELD

*13. FEBRUAR 1939

Die deutsch-französische Journalistin wuchs in Berlin und, nachdem die Wohnung der Familie ausgebombt worden war, im heute polnischen Sandau auf. Schon in früher Jugend setzte sie sich mit ihren Eltern auseinander und warf ihnen Verdrängung und mangelnde Aufarbeitung der Nazizeit vor. Sie hat sich, zusammen mit ihrem Mann Serge, die Aufklärung und Verfolgung von NS-Verbrechen zur Lebensaufgabe gemacht. 1968 sorgte sie für Aufsehen, weil sie Bundeskanzler Kurt Georg Kiesinger, ehemaliges Mitglied der NSDAP, öffentlich ohrfeigte. Die Mutter von zwei Kindern hielt sarkastisch fest: »Mit derselben professionellen Gewissenhaftigkeit wusch ich die schmutzige Wäsche meiner Familie und die Deutschlands«. Im März 2012 kandidierte sie für Die Linke bei der Wahl für das deutsche Bundespräsidentenamt. 2015 wurden sie und ihr Mann mit dem Bundesverdienstkreuz ausgezeichnet.

Moni Port: An Beate Klarsfeld bewundere ich ihren unermüdlichen Kampf darum, die Verbrecher des Nationalsozialismus zur Verantwortung zu ziehen. Von der Ohrfeige, die sie Kiesinger auf dem CDU-Parteitag in Berlin verpasst hatte, erfuhr ich erst als Teenager, doch hat mir dieser »Akt der Befreiung« – wie sie es nannte – irgendwie schwer imponiert.

»LIEBE FRAU KLARSFELD,

ICH SCHREIBE IHNEN, UM IHNEN ZU SAGEN,

DASS ICH SIE BEWUNDERE!«

MARLENE DIETRICH

+++ 1990 Mit der deutschen Wiedervereinigung müssen die Rechtsverhältnisse in Ost und West angeglichen werden. Der Einigungsvertrag gibt dem gesamtdeutschen Gesetzgeber auf, die Gleichstellung der Ge-

ILLUSTRIERT VON MONI PORT

CHRISTIANE NÜSSLEIN-VOLHARD

*20. OKTOBER 1942

Sie wuchs in Magdeburg auf, verbrachte ihre Jugend im Haus des Großvaters bei Frankfurt am Main, und wusste schon im Alter von 12 Jahren, dass sie Biologin werden wollte. Zur Abiturfeier hielt sie ein Referat über die »Sprache bei Tieren«. Sie hat Biologie, Physik und Biochemie studiert und sich 1985 habilitiert. Für ihre Entdeckungen von Genen, die die Entwicklung von Tier und Mensch steuern, sowie den Nachweis von gestaltbildenden Gradienten im Embryo der Drosophila-Fliege hat sie zahlreiche Auszeichnungen, Ehrendoktorate und Preise erhalten, unter vielen anderen den Nobelpreis für Medizin (1995). Sie ist u.a. Mitglied der Royal Society (UK), der National Academy (USA) und seit 2010 Vizekanzlerin des Ordens Pour Le Mérite. 2004 gründete sie die Christiane-Nüsslein-Volhard-Stiftung, die begabte junge Wissenschaftlerinnen mit Kindern unterstützt, um ihnen die für eine wissenschaftliche Karriere erforderliche Freiheit und Mobilität zu verschaffen.

Katharina Gschwendtner: Christiane Nüsslein-Volhard beschäftigt sich mit dem wirklich Spannenden, nämlich der Beschaffenheit und dem Aufbau der Kreatur. Würde ich nicht so gerne zeichnen, hätten sich die Weichen anders gestellt, und ich wäre Biologin.

»WENN EIN MANN EHRGEIZIG IST UND TAG UND NACHT ARBEITET, WIRD DAS AKZEPTIERT, DENN DIE FRAU HABE JA AUCH ETWAS DAVON, WENN IHR MANN KARRIERE MACHE. WENN DAGEGEN EINE FRAU EHRGEIZIG IST UND TAG UND NACHT ARBEITET, WIRD DER ARME MANN VON ALLEN SEITEN BEDAUERT.«

ILLUSTRIERT VON KATHARINA GSCHWENDTNER

ALICE SCHWARZER

*3.DEZEMBER 1942

Sie wurde 1942 unehelich geboren und wuchs in Wuppertal bei den Großeltern auf, »die meine sozialen Eltern wurden. Wobei es innerhalb meiner Familie eine gewisse Rollenumkehr gab: Der sehr fürsorgliche und liebevolle Großvater war zuständig für meine Versorgung, die ungewöhnlich politisierte Großmutter war der intellektuelle Kopf der Familie«. Mit 21 fasste sie den Entschluss, Journalistin zu werden und ging zunächst für zwei Jahre nach Paris. Danach sammelte sie erste Journalismus-Erfahrungen in Deutschland und ging Ende 1969 als Korrespondentin nach Paris. Dort schloss sie sich dem »Mouvement de Libération des Femmes« (MLF) an und lernte Simone de Beauvoir kennen und schätzen. 1971 initiierte sie in Deutschland nach französischem Vorbild eine Kampagne für das Recht auf Abtreibung. 400 Frauen, unter ihnen viele Prominente, bekannten im Magazin *Stern*, abgetrieben zu haben. 1977 gründete sie das politische Frauenmagazin *Emma*, dessen Verlegerin und Chefredakteurin sie bis heute ist: die perfekte Symbiose von Journalismus und Feminismus. Schwarzer hat als Autorin und Herausgeberin bisher mehr als 40 Bücher veröffentlicht, darunter 1975 den in zwölf Sprachen übersetzten Bestseller und feministischen Klassiker *Der kleine Unterschied und seine großen Folgen*. Sie hat maßgeblich Anteil daran, dass sich die Frauenemanzipation im gesellschaftlichen Bewusstsein verankert hat und wird mit tiefer Verachtung wie auch mit tiefer Bewunderung bedacht. 2018 hat die Bundesverdienstkreuzträgerin ihre langjährige Lebensgefährtin Bettina Flitner geheiratet.

Marie-Laure Chapuis: Alice Schwarzer beeindruckt mich. Sie kämpft für die Rechte der Frauen mit großer Kraft und agiert, wo viele nur reden.

»MEIN EIGENES BEISPIEL ZEIGT, DASS EINE FRAU AUCH UNBEQUEM SEIN KANN, DANN ZWAR NICHT IMMER GELIEBT WIRD, ABER AUCH NICHT GLEICH GEKÖPFT.«

ILLUSTRIERT VON MARIE-LAURE CHAPUIS

liches Pensionsalter von Männern und Frauen verfassungswidrig ist +++ 1991 Die deutsche Bundeswehr
öffnet den gesamten Sanitäts- und Militärmusikdienst für Frauen +++

ELKE MASCHA BLANKENBURG

15. DEZEMBER 1943–9. MÄRZ 2013

Schon früh erhielt sie Klavierunterricht, studierte später evangelische Kirchenmusik sowie Chor- und Orchesterleitung. Als sich die Deutsche bei Hans Swarowsky zu einem seiner berühmten Dirigenten-Meisterkurse in Wien anmeldete, sagte dieser: »Gehen Sie dahin zurück, wo Sie herkommen: in die Küche«. Sie aber bestand darauf, die gleiche Chance zu erhalten wie die übrigen 80 männlichen Teilnehmer. Sie wurde seine Meisterschülerin, und damit – nach Hortense von Gelmini – die zweite Dirigentin Deutschlands. Die vielfach Ausgezeichnete gründete das Leonarda Ensemble, das Clara Schumann-Orchester, den Arbeitskreis »Frau und Musik«, forschte zu Komponistinnen und schrieb ein Buch über Dirigentinnen, das als Standardwerk gilt. Wenn heute Kompositionen von Frauen aufgeführt und ausgestrahlt werden, so ist das nicht zuletzt der Pionierleistung von Elke Mascha Blankenburg zu verdanken.

Annegret Ritter: Elke Mascha Blankenburg hat sich als Dirigentin auf einem Feld durchgesetzt, das bis dahin Männern vorbehalten war, und auch anderen Frauen den Weg dafür geebnet. Ein Glück für alle, die Musik lieben!

»MIR WAR BEWUSST, DASS ICH EINE KORREKTUR DER MUSIKGESCHICHTE, DIE KOMPONISTINNEN BIS DAHIN UNTERSCHLAGEN HATTE, EINLEITE.«

+++ 1992 Durch eine Rentenreform in Deutschland wird die Zahl der pro Kind für die Rentenberechnung zusätzlich zu berücksichtigenden Jahre auf drei erhöht. Außerdem wird die Bezugsdauer von Erziehungs-

ILLUSTRIERT VON ANNEGRET RITTER

geld verlängert und der Kündigungsschutz für Mütter weiter verbessert +++ 1992 Von den angezeigten Berufskrankheiten betreffen 30,4% Frauen. Der Frauenanteil ist leicht gestiegen +++

MONICA BLEIBTREU

4. MAI 1944–13. MAI 2009

Die in Wien Geborene war sich gar nicht mal sicher, dass sie Schauspielerin werden wollte – ihr Vater allerdings schon: Er war Direktor eines kleinen Theaters in Mödling bei Wien. Als sie 14 Jahre alt war, ging das Theater bankrott. Sie verließ die Schule und ging mit sechzehn an die Schauspielschule nach Hamburg, später nach Wien ans Max-Reinhardt-Seminar. Ihr Debüt feierte sie als 19-Jährige, und eine ihrer ersten Fernsehauftritte in der Krimiserie *Der Kommissar* bescherte ihr 1972 sogleich die »Goldene Kamera«. Sie spielte an den bedeutendsten Bühnen in Deutschland, Österreich und der Schweiz. 1971 bekam sie ihren Sohn Moritz, den sie allein großzog, und ab 1972 gehörte sie zum Ensemble des Deutschen Schauspielhauses in Hamburg. In den Achtzigerjahren legte sie eine Auszeit ein und hatte von 1993–1998 eine Professur für Schauspiel an der Hochschule in Hamburg. 1998 war sie an der Seite ihres Sohnes Moritz in einer kleinen Rolle in *Lola rennt* zu sehen. Von da an häuften sich die Angebote; ihre Rollen als Katia Mann (2001) und als krebskranke Bäuerin in *Marias letzte Reise* (2005) bescherten ihr jeweils den Grimme-Preis in Gold. »Ich mache den Beruf jetzt seit über 40 Jahren, und plötzlich tun alle so, als wäre ich vom Himmel gefallen«, sagte sie einmal. Lange Zeit war sie vor dem Erfolg davongelaufen, doch ihr Sohn Moritz hatte ihr vorgemacht, dass der eigentlich nicht so schlimm ist, und nach *Die Manns* konnte sie ihn auch endlich genießen.

Dina Rautenberg: Ich habe mir Monica Bleibtreu ausgesucht, weil sie mir als zurückhaltende, ja vielleicht sogar bescheidene Person erschien, was ihren Ruhm betrifft. Gleichzeitig war sie stark und erfolgreich als Schauspielerin. Sie hat auf vielen Fotos einen intensiven Gesichtsausdruck, und ich wäre ihr gerne mal begegnet und hätte mit ihr über die Liebe und das Leben gesprochen.

»ICH WAR ALS JUNGE FRAU EINE HÖCHST

DRAMATISCHE PERSON.«

+++ 1992 EG-weit tritt eine Mutterschutz-Richtlinie in Kraft, die Mindeststandards in der gesamten Europäischen Gemeinschaft vorschreibt +++ 1993 In Österreich wird Vergewaltigung in der Ehe strafbar,

ILLUSTRIERT VON DINA RAUTENBERG

außerdem tritt hier das Gleichbehandlungsgesetz in Kraft +++ 1993 Mit Heide Simonis (SPD) wird erstmals eine Frau Ministerpräsidentin in einem deutschen Bundesland (Schleswig-Holstein) +++

BÄRBEL BOHLEY

24. MAI 1945–11. SEPTEMBER 2010

Sie wuchs in Ost-Berlin auf und studierte nach einer Ausbildung zur Industriekauffrau in Weißensee Malerei. Die Mutter eines Sohnes war als Bürgerrechtlerin eine der wichtigsten Persönlichkeiten der friedlichen Revolution in der DDR. Die freischaffende Künstlerin geriet mehrfach in Konflikt mit dem SED-Regime und war Repressalien ausgesetzt. Sie gehörte zu den Gründern der Initiative Frieden und Menschenrechte, von Frauen für den Frieden sowie dem Neuen Forum– alles zentrale Gruppen der Oppositionsbewegung in der DDR. Nach der Wiedervereinigung engagierte sie sich für die Aufarbeitung von DDR-Unrecht. Von 1996–1999 leitete sie die Internationale Friedensbehörde für Bosnien und Herzegowina. Für ihre Verdienste wurde sie u. a. mit dem Bundesverdienstkreuz geehrt. Ihr Grab auf dem Dorotheenstädtischen Friedhof ist seit 2016 ein Ehrengrab der Stadt Berlin. Ihr politischer Nachlass wird im Archiv der Robert-Havemann-Gesellschaft aufbewahrt.

Roberta Bergmann: Ich habe mir Bärbel Bohley ausgesucht, weil sie für einen demokratischen Sozialismus kämpfte und als »Mutter der DDR-Revolution« gilt. Neben ihrer politischen Karriere wirkte sie zudem als freischaffende Künstlerin und Malerin. In meinem Porträt versuche ich, beide Seiten ihrer Persönlichkeit zu visualisieren: die der Malerin und der Frauenrechtlerin.

»ES GIBT IN EINER DIKTATUR NICHTS WICHTIGERES ALS DIE UNTERSTÜTZUNG DER BÜRGERRECHTLER VON AUSSEN.«

+++ 1994 Der erste gesamtdeutsche FrauenStreikTag findet am 8. März statt: Die neue Frauenbewegung macht auf sich aufmerksam +++

ILLUSTRIERT VON ROBERTA BERGMANN

+++ 1994 Eine einheitliche Vorschrift im deutschen Strafgesetzbuch schützt Mädchen und Jungen unter 16 Jahren vor sexuellem Missbrauch, unabhängig vom Geschlecht des Täters +++

ELFRIEDE JELINEK

*20. OKTOBER 1946

Sie wuchs in Wien auf und wurde von ihrer Mutter praktisch allein erzogen, da der Vater an einer psychischen Erkrankung litt. Von früh an erhielt sie Musikunterricht und wurde mit 13 ins Konservatorium der Stadt Wien aufgenommen. Nach der Matura begann sie ein Studium der Kunstgeschichte und Theaterwissenschaft, doch schon bald widmete sie sich gänzlich dem Schreiben, sowohl von Lyrik als auch von Romanen und Theaterstücken. Sie schreibt gegen Missstände im öffentlichen, politischen, aber auch im privaten Leben der österreichischen Gesellschaft an und wurde oft als Provokateurin und Nestbeschmutzerin betrachtet. Ihr Werk ist jedoch auch vielfach ausgezeichnet worden. Unter anderem erhielt sie als erste Frau 1986 den Heinrich-Böll-Preis der Stadt Köln. 1995 veranlassten politische Angriffe vor allem der rechten FPÖ sowie persönliche Diffamierungen sie, ihren Rückzug aus der österreichischen Öffentlichkeit bekannt zu geben und ein (inzwischen aufgehobenes) Aufführungsverbot ihrer Stücke in Österreich zu erlassen. 2004 erhielt sie den Literatur-Nobelpreis, das Komitee würdigte besonders »den musikalischen Fluss von Stimmen und Gegenstimmen in Romanen und Dramen, die mit einzigartiger sprachlicher Leidenschaft die Absurdität und zwingende Macht der sozialen Klischees enthüllen«.

Eva Muggenthaler: Seit Elfriede Jelinek mit dem Nobelpreis für Literatur ausgezeichnet wurde, habe ich viel über sie gelesen, aber noch nie etwas von ihr – das soll sich nun ändern!

»INDEM DIE FRAU NICHT MEHR GEFÄLLT, TUT SIE DEN ERSTEN SCHRITT ZU IHRER FREIWERDUNG.«

+++ 1994 Das Gleichberechtigungsgebot in Artikel 3 Absatz 2 des Grundgesetzes der Bundesrepublik Deutschland wird durch folgenden Wortlaut ergänzt: »Der Staat fördert die tatsächliche Durchsetzung

ILLUSTRIERT VON EVA MUGGENTHALER

der Gleichberechtigung von Frauen und Männern und wirkt auf die Beseitigung bestehender Nachteile hin.« +++

DIE MÜTTER DES GRUNDGESETZES

Die vier »Mütter des Grundgesetzes« gehörten 1948 gemeinsam mit 61 Männern dem Parlamentarischen Rat an, der das Grundgesetz für die Bundesrepublik Deutschland erarbeitete. Gegen großen Widerstand setzten sie die Formulierung »Männer und Frauen sind gleichberechtigt« durch und trugen damit wesentlich zur Gleichstellung von Frauen und Männern bei.

Die CDU-Frau **Helene Weber** (1881–1962) kam von der Zentrumspartei. Sie begann als Lehrerin und wechselte, als die Nazis sie entließen, zur freien Wohlfahrtspflege. Im Parlamentarischen Rat 1948 war sie Schriftführerin des Präsidiums. Sie setzte sich dafür ein, dass mehr Frauen auf wichtige Positionen in der Politik gelangen konnten. Sie blieb bis zu ihrem Tod Mitglied des Bundestages.

Die SPD-Frau und Handwerkertochter **Friederike Nadig** (1897–1970), absolvierte eine Ausbildung an Alice Salomons Sozialer Frauenschule und wurde Wohlfahrtspflegerin. Auf diesem Gebiet blieb sie lebenslang tätig. Als Mitglied des Parlamentarischen Rats bemühte sie sich um die Gleichstellung ehelicher und nichtehelicher Kinder. Gleichen Lohn für Frauen durchzusetzen ist ihr nicht gelungen.

Die Zentrumspolitikerin **Helene Wessel** (1898–1969) wurde während der Nazizeit kaltgestellt, gründete 1952 u.a. mit Gustav Heinemann die GVP (Gesamtdeutsche Volkspartei), die es jedoch nicht über die 5%-Hürde schaffte.

Daraufhin wandte sie sich der SPD zu. Die Pazifistin bezog bis zuletzt Stellung gegen die Wiederbewaffnung der Bundesrepublik.

Die SPD-Frau **Elisabeth Selbert** (1896–1986) studierte Jura und machte als eine von fünf Frauen unter 300 männlichen Kommilitonen ihres Jahrgangs in Göttingen einen glänzenden Abschluss. Ihr Spezialgebiet: die Gleichberechtigung der Frau. Sie traf mit dieser Forderung auf einhelligen männlichen Widerstand. Es werde rechtliches Chaos ausbrechen, hieß es, da sich vor allem im Familienrecht ein Großteil der Bestimmungen mit diesem Grundsatz nicht in Einklang bringen lasse. Die Abgeordnete blieb unerbittlich.

Nadja Zinnecker: Frauenrechte fallen nicht vom Himmel. Es braucht Politikerinnen, die dafür kämpfen. Die vier »Mütter des Grundgesetzes« haben das getan. Ich bewundere sie für ihren Mut, ihr Engagement und ihre Durchsetzungskraft.

+++ 1994 Ein neues Frauenförderungsgesetz in Deutschland schützt u.a. Frauen vor sexueller Belästigung am Arbeitsplatz und verlangt mehr Frauen in staatlichen Gremien sowie die Wahl von Frauenbeauftragten

ILLUSTRIERT VON NADJA ZINNECKER

»DIE VIER POLITIKERINNEN WIRKEN AUF ZEITGENÖSSISCHEN
FOTOS FÜR HEUTIGE VERHÄLTNISSE SEHR BRAV, DABEI WAREN SIE STARK,
UNBEQUEM, KÄMPFERISCH UND AUSDAUERND.«

in den Dienststellen des Bundes +++ 1995 In Deutschland wird gesetzlich geregelt, dass Frauen sich vor einem Schwangerschaftsabbruch beraten lassen müssen +++

FREYA KLIER

*4. FEBRUAR 1950

Die in Dresden Geborene kam 1953, nach der Verhaftung ihres Vaters wegen eines Angriffs auf einen Polizisten, in ein Kinderheim. Mit 18 Jahren, nach dem Abitur, unternahm sie erfolglos einen Fluchtversuch, für den sie 16 Monate lang inhaftiert wurde. Später studierte sie in Leipzig und Dresden Schauspiel, dann von 1978 Regie in Berlin. Für ihre Inszenierung eines Stücks von Ulrich Plenzdorf erhielt sie den Regiepreis der DDR. Ab 1980 war sie im Friedenskreis Pankow aktiv und trat in kirchlichen Räumen gemeinsam mit ihrem damaligen Ehemann, dem Liedermacher Stephan Krawczyk, auf. 1985 erhielt sie Berufsverbot, und 1988 wurde sie in die BRD ausgebürgert.

Bereits zu DDR-Zeiten arbeitete sie an einem Buch über die Erziehung in der DDR, das 1990 erschien. Im Jahr 1994 folgte ihre erschütternde Studie *Die Kaninchen von Ravensbrück. Medizinische Versuche an Frauen in der NS-Zeit*. Sie hat seitdem zahlreiche Bücher geschrieben und – teilweise mit ihrer Tochter – Dokumentarfilme gedreht. Sie ist auch engagiert in der Jugendarbeit tätig. Freya Klier ist mit zahlreichen Auszeichnungen bedacht worden, zuletzt mit dem Franz-Werfel-Menschenrechtspreis für ihr Lebenswerk.

Annegret Ritter: Ich habe Freya Klier gezeichnet, weil ich sie sehr für ihre Standhaftigkeit bewundere!

»MEIN ELFTES GEBOT:

DU SOLLST DICH ERINNERN!«

ILLUSTRIERT VON ANNEGRET RITTER

einen Kindergartenplatz für Kinder ab drei Jahren wird in Deutschland eingeführt +++ In der Schweiz tritt
das Gleichstellungsgesetz in Kraft, das Benachteiligungen der Frauen im Berufsleben unterbinden soll +++

ROSEMARIE TROCKEL

*1952

Sie ist in Leverkusen-Opladen in einer Beamtenfamilie aufgewachsen und hat an der Kölner Werkschule Kunst studiert. Bereits Ende der 1980er Jahre wurden ihre Werke im MoMA in New York ausgestellt. Ihr vielseitiges künstlerisches Werk umfasst Bilder und Zeichnungen, Plastiken, Skulpturen und Objekte sowie Videoarbeiten und Installationen. Ihre Arbeiten sind weder auf eine Ikonografie noch auf eine bestimmte Kunsttheorie festzulegen. Mit Strickbildern als Ironisierung vermeintlich typischer Frauenarbeit wurde sie weltberühmt. Radikal zerstört sie weibliche Klischees: Dafür jagte sie schon mal eine Küchenzeile mit Dynamit in die Luft oder modellierte Busen aus steinharter Keramik. Für ihre ironisch-provokative Kunst ist sie vielfach ausgezeichnet worden.

Barbara Jung: Ich mag die feine Ironie in den Arbeiten von Rosemarie Trockel. Immer wieder entstehen Werke, die sich mit den Klischees von Weiblichkeit auseinandersetzen, aber nie dogmatisch oder nervig. Es imponiert mir, wie originell und unterschiedlich sie arbeitet. Ich verstehe zwar nicht alles, aber ich bleibe immer neugierig.

> »SIE IST EINE KÜNSTLERIN
>
> IM UMFASSENDEN SINNE, SO,
>
> WIE ES MARCEL BROODTHAERS UND
>
> MARCEL DUCHAMP WAREN.«

MARKUS HEINZELMANN

ILLUSTRIERT VON BARBARA JUNG

gung von Frau und Mann ein Ziel der Europäischen Gemeinschaft ist, und stärkt den Grundsatz, dass gleiche
Arbeit gleich entgolten werden muss +++

HERTA MÜLLER

*17. AUGUST 1953

Sie wuchs deutschsprachig in Nitzkydorf, Rumänien, auf. Die Kindheit erlebte sie als »heimatlos und unfrei« unter Dorfbewohnern, von denen manche dem totalitären Ceauşescu-Regime zuarbeiteten. Missgunst und Misstrauen prägten diese Zeit. Erst mit fünfzehn lernte sie Rumänisch und begann, auf Deutsch zu schreiben. Sie studierte Germanistik und Romanistik und arbeitete als Übersetzerin in einer Maschinenfabrik. Ihr erstes Buch erschien 1982 in Bukarest in einer stark zensierten Fassung, in Deutschland wurde es 1984 unzensiert veröffentlicht. Sie wurde jahrelang vom rumänischen Geheimdienst Securitate drangsaliert, kam schließlich dank einer Ausreisegenehmigung 1987 mit ihrem damaligen Ehemann nach Berlin. Es erschienen zahlreiche vielfach ausgezeichnete Bücher über ihre Erfahrungen in ihrer Heimat. 2009 wurde sie mit dem Literatur-Nobelpreis geehrt, weil sie »eine unverwechselbare Sprache für die Schrecken des Totalitarismus der Nachkriegszeit gefunden hat«. Sie lehrt als Gastprofessorin im In- und Ausland und setzt sich unbeirrt für die Menschenrechte ein.

Nele Brönner: Herta Müller schreibt Texte und Textcollagen in denen ich mich mit weit offenen Augen verstrickt habe. Sie fühlen sich anders an als sie aussehen.

»ICH WÜNSCHE MIR, ICH KÖNNTE EINEN SATZ SAGEN FÜR ALLE, DENEN MAN IN DIKTATUREN ALLE TAGE, BIS HEUTE, DIE WÜRDE NIMMT.«

+++ 1997 Das Frauenvolksbegehren in Österreich, das die Aufnahme der Gleichstellung der Frau in das Bundes-Verfassungsgesetz fordert, wird von 11,17% unterstützt +++ 1999 Durch die Beschlüsse der Welt-

ILLUSTRIERT VON NELE BRÖNNER

frauenkonferenz in Peking und den Amsterdamer Vertrag werden die Regierungen verpflichtet, Gender Mainstreaming als Methode zur Verbesserung der Gleichstellung von Frauen und Männern einzuführen +++

KATHARINA THALBACH

*19. JANUAR 1954

Sie wuchs in Ost-Berlin in einer Theaterfamilie auf; mit vier stand sie das erste Mal auf der Bühne, mit sechs gab sie ihr Filmdebüt. Gerade einmal zwölf war sie, als die geliebte Mutter starb. Helene Weigel nahm sich ihrer schauspielerischen Ausbildung an und gab ihr 1969 eine Rolle in der *Dreigroschenoper*, wo sie als Entdeckung gefeiert wurde. Ab 1972 hatte sie große Erfolge an der Volksbühne Berlin und beim Film. 1976 siedelte sie mit Mann und Tochter nach Westberlin über. Dort setzte sie ihre Karriere sowohl am Theater als auch im Film fort, und ihr charaktervolles Spiel machte sie zu einer der beliebtesten deutschen Schauspielerinnen. Mit Berliner Schnauze und einer Stimme gesegnet, die prädestiniert fürs Hörbuch ist, hält die vielfach Ausgezeichnete mit ihrer Meinung nicht hinterm Berg. Ob es nun um politische Fragen geht, um ihre durchaus auch schönen Erinnerungen an ihr Leben in der DDR oder das Matriarchat, das ihre Familie »mit großer Freude vertritt«.

Marie Wolf: Ich habe Katharina Thalbach ausgesucht, weil sie Frauen, spielt, die in keine Schublade passen; Frauen, die polarisieren, anecken, schockieren. Sie setzt mit einem Augenzwinkern dem medial kommunizierten Klischee von Weiblichkeit ein unkonventionelles Frauenbild entgegen.

»ES HAT SICH NATÜRLICH VIEL GEÄNDERT,

... ABER FRAUEN HABEN ES NACH WIE VOR SCHWERER,

DAVON BIN ICH ÜBERZEUGT.«

+++ 2001 Gesetz zur Elternzeit in Deutschland: Mütter und Väter können ihre Kinder in den ersten drei Jahren gemeinsam erziehen und betreuen. In dieser Zeit haben sie einen Anspruch auf Teilzeitarbeit +++

ILLUSTRIERT VON MARIE WOLF

2001 In der deutschen Bundeswehr werden alle Laufbahnen für Frauen geöffnet +++ 2002 Mutterschutz-
fristen zählen bei der Berechnung des Jahresurlaubs in Deutschland jetzt wie Beschäftigungszeiten +++

ANGELA MERKEL

*17. JULI 1954

Sie wuchs als Tochter einer Lehrerin und eines evangelischen Pfarrers in der Uckermark auf, machte an der Polytechnischen Oberschule in Templin ein Einser-Abitur und war Mitglied der FDJ. Sie studierte an der Uni Leipzig Physik und war 1978–90 wissenschaftliche Mitarbeiterin am Zentralinstitut für Physikalische Chemie an der Akademie der Wissenschaften der DDR. Sie promovierte 1986. 1989 war sie Mitglied des »Demokratischen Aufbruchs«. 1990 wurde sie stellvertretende Regierungssprecherin der letzten DDR-Regierung, seitdem ist sie Mitglied der CDU und des Bundestages. Von 1991–1994 Bundesministerin für Frauen und Jugend; von 1994–1998 Bundesministerin für Umwelt, Naturschutz und Reaktorsicherheit. Seit 2000 ist sie Vorsitzende der CDU Deutschlands und seit dem Jahr 2005 deutsche Bundeskanzlerin. Ihr Markenzeichen ist die »Merkel-Raute«.

Sabine Kranz: Angela Merkel ist für mich Popstar, Mutti und Ikone zugleich. Von Kohls Wendemädchen und Doppelquotenministerin hat sie sich emanzipiert und ist seit 2005 eine der mächtigsten Frauen der Welt. Mich fasziniert ihre uneitle Art und ihr Durchsetzungsvermögen.

»DIE FRAUENFUSSBALL-NATIONALMANNSCHAFT IST JA SCHON WELTMEISTER, UND ICH SEHE KEINEN GRUND, WARUM MÄNNER NICHT DAS GLEICHE LEISTEN KÖNNEN WIE FRAUEN.«

+++ 2004 Die Niederländerin Karin Dorrepaal ist die erste Frau im Vorstand einer der im DAX notierten dreißig größten deutschen Aktiengesellschaften +++

ILLUSTRIERT VON SABINE KRANZ

+++ 2004 In der Schweiz wird jetzt eheliche Gewalt verfolgt +++ 2005 Angela Merkel (CDU) wird erste deutsche Bundeskanzlerin +++

CLAUDIA ROTH

*15. MAI 1955

In Ulm geboren, wuchs Claudia Roth im Allgäu auf. Ihr Studium in München brach sie nach zwei Semestern ab und ging als Dramaturgin ins Ruhrgebiet. 1982–1985 war sie Managerin der Politband *Ton Steine Scherben*, dann wurde sie Pressesprecherin der ersten Bundestagsfraktion der Grünen. 1989–1998 war sie Mitglied des Europäischen Parlaments, seit 1994 als Fraktionsvorsitzende der Grünen dort. 1998 zog sie in den Deutschen Bundestag ein; in der rot-grünen Bundesregierung war sie Menschenrechtsbeauftragte. 2001 wurde sie erstmals Parteivorsitzende von Bündnis 90/Die Grünen und übte dieses Amt dann von 2004–2013 ununterbrochen aus. Seit 2013 ist sie Vizepräsidentin des Deutschen Bundestags. Ihr besonderes Engagement gilt den Menschen- und Bürgerrechten, dem Klimaschutz, entwicklungspolitischen Fragen, dem Anti-Rassismus und der Kultur. Sie ist ein besonders beliebtes Ziel rechtsradikaler Trolle im Internet, die ihr vorzugsweise ihre Vergewaltigungsfantasien posten – was sie öffentlich macht, um sich zu wehren.

Bianca Schaalburg: Claudia Roth habe ich für das Porträt ausgewählt, weil ich das unkonventionelle Engagement und das Bunte ihrer Persönlichkeit schätze. Es reizte mich, dies mit schnellem Kugelschreiberstrich umzusetzen.

»ICH SAGE IMMER WIEDER ANDEREN FRAUEN: FÜHLT EUCH NICHT ZU SICHER. WAS WIR FÜR UNS ERKÄMPFT HABEN, STEHT WIEDER AUF DEM SPIEL.«

+++ 2005 Das Berliner Abgeordnetenhaus verabschiedet ein »Neutralitätsgesetz«, das Beamten das Zurschaustellen eines religiösen oder weltanschaulichen Bekenntnisses untersagt. Das Gesetz befördert die

CLAUDIA ROTH

ILLUSTRIERT VON BIANCA SCHAALBURG

»Kopftuchdebatte« darüber, ob zum Beispiel islamische Lehrerinnen Kopftuch tragen dürfen. Die Debatte wird gerade in feministischen Kreisen heftig geführt +++

DORIS DÖRRIE

*26. MAI 1955

Die Regisseurin, Autorin und Produzentin wuchs in Hannover auf, ging nach dem Abitur in die USA, studierte Theater und Schauspiel in Kalifornien und in New York, arbeitete nebenher in Cafés und als Filmvorführerin. 1975 begann sie ihr Studium an der Hochschule für Fernsehen und Film in München. *Männer*, ihr dritter Kinofilm, wurde ein Welterfolg. 1989 kam ihre Tochter Carla zur Welt. 1996, während der Dreharbeiten zu *Bin ich schön?*, stirbt ihr Mann, der Kameramann Helge Weindler. Erst sechs Jahre später wird sie in der Lage sein, diesen Verlust in einem Roman zu thematisieren. Für ihr filmisches Schaffen ist sie vielfach ausgezeichnet worden; doch auch für ihr literarisches Werk hat sie viel Anerkennung erhalten, u.a. den Deutschen Bücherpreis. Und seit einigen Jahren macht sie sich als Opernregisseurin einen Namen. Außerdem bezieht sie in aktuellen feministischen Debatten Stellung, etwa dazu, warum es so wenige Frauen in Führungspositionen gibt – siehe Zitat …

Lisa Frühbeis: Doris Dörrie habe ich mir ausgesucht, weil sie eine beeindruckende Frau ist, die Geschichten mit beeindruckenden Frauen schreibt und filmt.

»KLAR GIBT ES DIE ALTEN MÄNNLICHEN SEILSCHAFTEN. … UND DENNOCH MUSS ES AUCH NOCH ANDERE GRÜNDE GEBEN … MACHT IST ANSTRENGEND … UND MANCHMAL AUCH HÄSSLICH … WIE SEHR SIND WIR FRAUEN DAZU BEREIT?«

+++ 2006 Gesetz gegen Psychoterror (»Stalking«) wird in Deutschland eingeführt +++ 2006 Anti-Stalking-Gesetz auch in Österreich verabschiedet +++

ILLUSTRIERT VON LISA FRÜHBEIS

+++ 2006 Mit Inkrafttreten des Allgemeinen Gleichbehandlungsgesetzes wird in Deutschland die Antidiskriminierungsstelle des Bundes eingerichtet +++

CORNELIA FUNKE

*10. DEZEMBER 1958

Eigentlich wollte sie Astronautin oder Pilotin werden, studierte dann aber Pädagogik und Buchillustration in Hamburg. Als sie später Kinderbücher illustrierte, konnte sie mit vielen Texten nichts anfangen, deshalb »begann ich selbst zu schreiben«. Vorbilder sind u.a. Mark Twain, Charles Dickens, Toni Morrison. Das *Time Magazine* hat sie 2005 als einflussreichste Deutsche gelistet. Die Gesamtauflage ihrer Bücher liegt bei über 20 Millionen Exemplaren weltweit. Ihre Bücher bestechen durch die Poesie ihrer Sprache, ihre Herzenswärme, ihren Humor, dabei verbindet sie Realität und Fiktion. 2005 zog sie mit ihrer Familie in die USA. Ihr Mann Rolf, mit dem sie 25 Jahre verheiratet war, starb 2006. Ihre Kinder Anna und Ben sind heute erste Ratgeber und Kritiker. Cornelia Funke unterstützt die Greenpeace-Initiative »AutorInnen für die Urwälder«, ist Patin des Kinderhospizes Bethel und eine der deutschen Botschafterinnen der UN-Dekade Biologische Vielfalt.

Franziska Ruflair: Cornelia Funke steht für mich für lange Leseabende und buntes Kopfkino, das förmlich zwischen den Zeilen hervorspringt. Seit meiner Kindheit begeistern mich ihre Bücher!

»LITERATUR BRINGT UNS BEI, DURCH DIE AUGEN ANDERER ZU SEHEN. DAS WAR NIE WICHTIGER. UND SIE GIBT DENEN WORTE, DIE SELBST KEINE WORTE FÜR DAS HABEN, WAS SIE FÜHLEN UND FÜRCHTEN.«

+++ 2007 In Deutschland wird das Elterngeld eingeführt: Das bisherige Bundeserziehungsgeld wird durch das neue Elterngeld abgelöst. Das Elterngeld soll einen Einkommensausfall nach der Geburt des Kindes auf-

ILLUSTRIERT VON FRANZISKA RUFLAIR

fangen. Es beträgt 67% des vor der Geburt monatlich verfügbaren laufenden Erwerbseinkommens, höchstens jedoch 1.800 Euro und mindestens 300 Euro. Es wird für maximal 14 Monate gezahlt +++

MAY AYIM

3. MAI 1960–9. AUGUST 1996

Die Dichterin, Pädagogin und Aktivistin der afrodeutschen Bewegung wurde als Sylvia Brigitte Gertrud Opitz geboren. Sie wuchs in einer Pflegefamilie auf, ihre leibliche Mutter verweigerte jede Kontaktaufnahme, ihr ghanaischer Vater hielt Kontakt zu ihr. Sie studierte in Regensburg Pädagogik. Ihre Diplomarbeit über die Geschichte Afrodeutscher veröffentlichte sie in ihrem Buch *Farbe bekennen*. 1984 zog sie nach Berlin und arbeitete als Lehrbeauftragte an Hochschulen. 1985 war sie Gründungsmitglied der »Initiative Schwarze Deutsche« und knüpfte Kontakte zu Vertreterinnen der internationalen schwarzen Frauenbewegung. Sie litt seit den 1990er Jahren an psychotischen Schüben und später an Multipler Sklerose. 1996 beging die durch Krankheit Deprimierte Selbstmord. In ihrem kurzen Leben hat sie einen enormen Beitrag gegen rassistische Diskriminierung in Deutschland geleistet. 2010 wird in Berlin eine Straße nach ihr benannt.

Anneke Gerloff: Ich habe May Ayim gezeichnet, weil mich vor allem ihre Stärke und ihr feiner Humor beeindrucken. Ich hätte gerne schon viel früher von ihr gehört.

»ICH WUCHS MIT DEM GEFÜHL AUF … BEWEISEN ZU MÜSSEN, DASS EIN ›MISCHLING‹, EIN ›NEGER‹, EIN ›HEIMKIND‹ EIN VOLLWERTIGER MENSCH IST.«

+++ 2007 Das deutsche Bundeskabinett beschließt den Zweiten Aktionsplan zur Bekämpfung von Gewalt gegen Frauen. Sein Ziel ist es, Frauen in allen Lebensbereichen nachhaltig vor Gewalt zu schützen +++

ILLUSTRIERT VON ANNEKE GERLOFF

+++ 2007 Bei der Frauenfußball-Weltmeisterschaft in China holt die deutsche Frauen-National»mann«-schaft gegen Brasilien den Titel, zum zweiten Mal nach 2003 +++

ANNE-SOPHIE MUTTER

*29. JUNI 1963

Nachdem sie mit fünf Jahren eine Mozart-Aufnahme von Yehudi Menuhin gehört hatte, wusste sie, dass sie Geige spielen wollte und war mehrmals erste Preisträgerin bei »Jugend musiziert«. Mit dreizehn wurde sie von Herbert von Karajan »entdeckt« und begann ihre internationale Karriere 1977 unter seiner Leitung als Solistin bei den Salzburger Pfingstkonzerten. Es folgten schon bald Tourneen in der ganzen Welt. Sie wird gleichermaßen für ihre absolute technische Perfektion und für ihr Auftreten bewundert. Ihre Begeisterung für zeitgenössische Musik hat das Violinrepertoire bereichert. Außerdem hat sie eine Stiftung gegründet, die junge Geiger und Geigerinnen weltweit fördert, und gibt regelmäßig Benefizkonzerte. Die Mutter von zwei Kindern ist Trägerin des Großen Bundesverdienstkreuzes, des französischen Ordens der Ehrenlegion sowie zahlreicher weiterer Auszeichnungen.

Nicola Koch: Ich habe früher selbst Geige gespielt, auch deshalb bewundere ich Anne-Sophie Mutter, die sowohl eine hervorragende Musikerin als auch eine sehr charmante, weibliche Frau ist. Sie hat es geschafft, sich in einer bis dahin männerdominierten Musikwelt durchzusetzen.

»DIE GEIGE IST MEINE STIMME.«

+++ 2010 Der Frauenanteil bei BerufsmusikerInnen beträgt in Deutschland 34,8%. Zum Vergleich: Bei SprechstundenhelferInnen beträgt er 99,2%, bei BaumaschinenmechanikerInnen 0,3% und bei Bundestags-

ILLUSTRIERT VON NICOLA KOCH

PETRA PAU

*9. AUGUST 1963

Sie wuchs in Ost-Berlin auf, ging auf die Allgemeinbildende Polytechnische Oberschule, beendete ein erstes Studium als Lehrerin für Deutsch und Kunsterziehung, ein zweites als Diplom-Gesellschaftswissenschaftlerin. In den 1980er Jahren arbeitete sie als Lehrerin und Pionierleiterin sowie als Mitarbeiterin des Zentralrates der FDJ für moderne Freizeitpädagogik. Anfang 1990 wickelte sie die Pionierorganisation der DDR ab und wurde arbeitslos. 1990 wurde sie für die PDS Bezirksverordnete in Berlin-Hellersdorf. 1992–2001 war sie Landesvorsitzende der PDS. Sie ist seit 1998 Mitglied und seit 2006 Vizepräsidentin des Deutschen Bundestages. 1995 errang sie ein Direktmandat für das Berliner Abgeordnetenhaus. Bislang fünf Mal gewann sie das Direktmandat in Marzahn-Hellersdorf für den Deutschen Bundestag, und von der Fraktion Die Linke wurde sie zur stellvertretenden Vorsitzenden gewählt.

Franziska Walther: Ich habe mir Petra Pau ausgesucht, weil sie sich unter anderem für die Integration von Flüchtlingen engagiert – trotz zahlreicher Morddrohungen und Gewalt-Demonstrationen durch neofaschistische Gruppierungen direkt gegen ihre Person. Das finde ich mutig und integer.

»EINER TRAGE DES ANDEREN LAST

IST MEIN MOTTO.«

ILLUSTRIERT VON FRANZISKA WALTHER

CAROLIN EMCKE

*1. AUGUST 1967

Die Tochter einer Argentinierin und eines Deutschen wuchs in Hamburg und Wuppertal auf. Sie studierte Philosophie, Politik und Geschichte in Frankfurt am Main, in London sowie in Cambridge und promovierte in Philosophie. Von 1998 bis 2013 bereiste sie weltweit Krisenregionen und berichtete für den Spiegel und Die Zeit darüber. Seit 2014 ist sie als freie Publizistin tätig. In ihren Büchern und Essays beschäftigt sie sich vor allem mit Begehren, Gewalt, Homosexualität und Gerechtigkeit. In ihrem Buch *Weil es sagbar ist. Über Zeugenschaft und Gerechtigkeit* thematisiert sie u.a. die Fragen: Wie lässt sich von Krieg und Gewalt erzählen? Warum lässt Gewalt die Betroffenen oft verstummen? Was bedeutet das für uns, die Verschonten? Sie engagiert sich immer wieder mit künstlerischen Projekten und Interventionen, u.a. für die Thementage »Krieg erzählen« am Berliner Haus der Kulturen der Welt. Seit 2004 moderiert sie die monatliche Diskussionsreihe »Streitraum« an der Schaubühne Berlin. Für ihr Schaffen wurde sie mehrfach ausgezeichnet, u.a. mit dem Otto-Brenner-Preis für kritischen Journalismus, dem Merck-Preis der Deutschen Akademie für Sprache und Dichtung sowie 2016 dem Friedenspreis des Deutschen Buchhandels.

Christina Röckl: Als Philosophin und Publizistin analysiert Carolin Emcke Hass-Ideologien und jegliche Formen der Gewalt. Sie warnt vor einem Denken im engen Begriffskorsett und bezieht Stellung für eine offene und vielschichtig denkende wie auch handelnde Gesellschaft.

> »ALLE FRAGEN VON ANERKENNUNG UND RESPEKT FÜR SCHWARZE, FÜR FRAUEN, FÜR SCHWULE UND LESBEN, FÜR MUSLIME ODER FÜR GEFLÜCHTETE SIND IMMER AUCH ÖKONOMISCHE FRAGEN.«

+++ 2012 In der Schweiz wird die Verstümmelung weiblicher Genitalien gesetzlich untersagt +++ Der Erwerbtätigkeitsanteil bei den 20- bis 64-jährigen Frauen beträgt in Österreich 69,6% und in Deutschland

ILLUSTRIERT VON CHRISTINA RÖCKL

71,6%. Innerhalb der EU ist er nur in Finnland, Deutschland und Schweden höher als in Österreich, und nur in Schweden höher als in Deutschland +++

HILAL SEZGIN

*29. MAI 1970

Die deutsch-türkische Tochter einer deutschen Islamwissenschaftlerin und eines türkischen Islamwissenschaftlers machte in Braunschweig ihr Abitur und studierte in Frankfurt Philosophie. Sie schreibt Kolumnen, Essays und Bücher über Tierethik, das Landleben und den Islam. Mit ihrem leichtfüßigen und vor allem unprätentiösen Schreibstil hat sich die engagierte Veganerin einen Namen gemacht. Es liegt ihr besonders am Herzen, eine konsistente ethische Position im Umgang mit Tieren zu finden. Sie meidet Polemik, schreibt stattdessen gut verständlich und ist überzeugt, dass man sich Diskussionen stellen muss. Die liberale Muslimin verteidigt das Recht muslimischer Frauen, Kopftuch zu tragen und möchte nicht nur gern als Feministin bezeichnet werden, sondern ebenso gern als Tierrechtlerin und Philosophin. Die Schafsfreundin, Sufi und Feuerwehrfrau lebt mit einer ganzen Reihe von Tieren auf ihrem Lebenshof in der Lüneburger Heide.

Tina Kraus: Unsere Welt braucht Menschen wie Hilal Sezgin, die sich für mehr Gerechtigkeit für Menschen und Tiere einsetzen.

»ARTGERECHT IST NUR DIE FREIHEIT.«

+++ 2015 In akademischen Milieus wird zunehmend über »Postfeminismus« diskutiert. Diese Theorie geht davon aus, dass die Geschlechter nichts als gesellschaftliche Konstrukte sind und dass es daher eigentlich

ILLUSTRIERT VON TINA KRAUS

DOUCE STEINER

*11. JUNI 1971

Sie ist mit 2 Michelin-Sternen Deutschlands höchstdekorierte Küchenchefin, die einzige Frau unter 48 Kollegen mit 2 bzw. 3 Sternen. Doch der Weg nach oben war nicht einfach, denn das patriarchische System der Spitzenküche macht es Frauen schwer. Einen Ausbildungsplatz in einem Sterne-Restaurant suchte die Tochter des Zwei-Sterne-Kochs Hans-Paul Steiner vergebens – so nahm der Vater sie im »Hirschen« in Sulzburg unter seine Fittiche. Später fand sie sich als einzige Frau unter 45 Kollegen beim französischen Meisterkoch Georges Blanc wieder. In Deutschland lernte sie Udo Weiler in Wohlfahrts Schwarzwaldstube kennen und lieben; sie kehrten nach Sulzburg zurück, übernahmen den »Hirschen« und verpassten der Küche eine sanfte Modernisierung. Ihre Küche basiert auf der klassisch französischen, und Douce Steiner spürt, wovon sie, neben der guten handwerklichen Ausbildung, am meisten profitiert hat: »Nämlich davon, dass ich noch nie in meinem Leben schlecht gegessen habe.«

Annegret Ritter: Frauen waren schon immer auch Köchinnen, dennoch haben es nur sehr wenige in die Spitzengastronomie geschafft. Ich habe Douce Steiner gezeichnet, weil sie so eine zähe Energie hat – aber auch, weil ich von ihren köstlich-verführerischen Kreationen einfach hingerissen bin!

»UM EIN LEBEN GLÜCKLICH ZU MEISTERN, BRAUCHT ES DIE LIEBE ZUM KOCHEN UND GENIESSEN, DEN RESPEKT VOR DER NATUR UND DIE BEWAHRUNG DER BODENSTÄNDIGKEIT.«

+++ 2016 Die Verkehrsunfallstatistik tendiert in Deutschland in Richtung Gleichstellung: Noch sind Frauen in weniger Verkehrsunfälle verwickelt als Männer, obwohl Frauen zunehmend am Steuer sitzen, und noch

ILLUSTRIERT VON ANNEGRET RITTER

stellen sie die große Mehrheit unter bei Unfällen verletzten Beifahrern. Frauen haben nicht signifikant weniger Schuld an Verkehrsunfällen; außer bei den 18- bis 45-Jährigen +++

JULI ZEH

*30. JUNI 1974

Die Schriftstellerin studierte in Passau und Leipzig Rechtswissenschaften und promovierte im Jahr 2010 an der Universität Saarbrücken in Völkerrecht. Daneben war sie seit 1996 am Deutschen Literaturinstitut in Leipzig eingeschrieben und schloss ihre Studien dort mit einem Diplom ab. Bereits ihr 2001 erschienenes Romandebüt *Adler und Engel* wurde ein großer Erfolg. Inzwischen sind ihre Bücher in mehr als 35 Sprachen übersetzt. Sie veröffentlicht neben ihren Romanen Essays zu Gesellschaft, Politik, Recht und Literatur in Wochen- und Tageszeitungen. Die politisch hellwache Autorin nutzt ihre Prominenz, um sich immer wieder lautstark einzumischen und sich zu gesellschaftlichen und politischen Themen zu äußern. Seit 2007 lebt sie mit ihrem Mann und zwei Kindern im brandenburgischen Barnewitz. Sie ist für ihr Werk häufig ausgezeichnet worden, unter anderem mit dem Deutschen Bücherpreis.

Sylvia Wolf: Ich habe die vielfach ausgezeichnete Schriftstellerin und Juristin Juli Zeh porträtiert, weil sie als Frau nicht nur Stellung bezieht, sondern sich gesellschaftlich und politisch immer wieder einmischt und engagiert; einfach bewundernswert.

»FÜR MICH SIND PRINZIPIEN ODER VIELLEICHT SCHLICHT DIE NEIGUNG, AN DINGE ZU GLAUBEN, DIE MIR WIRKLICH WAS BEDEUTEN, WIE EIN LEBENSELIXIER.«

+++ 2017 In Österreich wird das sogenannte »Burkaverbot« (Anti-Gesichtsverhüllungsgesetz) auf Betreiben der ausländer- und islamfeindlichen FPÖ, aber auch zur Genugtuung mancher Frauenrechtlerinnen

ILLUSTRIERT VON SYLVIA WOLF

eingeführt. In Deutschland sind ähnliche Forderungen lautgeworden, obwohl es praktisch keine Burka-
trägerinnen gibt +++

FRITZI HABERLANDT

*6. JUNI 1975

Sie wuchs in Ost-Berlin auf, und direkt nach der Wende zog die Familie nach Hamburg. »In Hamburg wurde mir klar, dass ich Schauspielerin werden will ... ich entwickelte dort eine regelrechte Theaterbesessenheit. ... Zweimal die Woche stellte ich mich abends an der Kasse an, um Restkarten zu bekommen.« 1996 machte sie die Aufnahmeprüfung an der Ernst-Busch-Schauspielschule in Berlin, und wurde bereits ein Jahr nach der Schauspielschule ins Ensemble des Thalia-Theaters in Hamburg aufgenommen. Neben der Theaterarbeit steht sie auch immer wieder für Film und Fernsehen vor der Kamera und wurde bereits mehrfach ausgezeichnet, u.a. mit dem Ernst-Lubitsch-Preis. Sie ist, wie auch etwa Doris Dörrie, eine entschiedene Verfechterin der Initiative »Pro Quote-Regie«, deren Forderung lautet: 30% der öffentlich-rechtlichen Gelder für die Film-Förderung sollen an weibliche Regisseure gehen. Sie sagt: »Für die Ungleichheit gibt es ja keinen Grund, außer dass Männer lieber sich selbst wählen und ihresgleichen um sich haben«.

Barbara Jung: Ich mag Fritzi Haberlandt, besonders ihre authentische, ernsthafte Art zu spielen, ihren Blick und die feine Mimik. Für mich ist sie eine der Besten.

»SO ETWAS ERLEBT MAN NUR MIT EINER REGISSEURIN: DASS ES NUR UM DIE ARBEIT GEHT UND NICHT UM DIE EITELKEITEN DRUMHERUM. DAS IST SO EINE NEUE FREIHEIT, DIE JETZT MIT DEN NEUEN FRAUEN KOMMT.«

+++ 2017 Laut einer von Kulturstaatsministerin Monika Grütters in Auftrag gegebenen Studie stammen 70% aller Inszenierungen von Männern, nur 22% der Intendanzen sind weiblich besetzt +++

ILLUSTRIERT VON BARBARA JUNG

+++ 2017 Deutschland ist Schlusslicht im europäischen Vergleich bei der gleichen Bezahlung von Männern und Frauen im kulturellen Bereich +++

REGINA HALMICH

*22. NOVEMBER 1976

Die Karlsruherin begann mit elf Jahren mit Judo und Karate, wechselte dann später zum Boxen. Als Amateurboxerin wurde sie deutsche Meisterin und Europameisterin; mit achtzehn wurde sie Profi und war von 1995–2007 ungeschlagene Weltmeisterin der WIBF. Anfangs musste sie sich durchbeißen; als Frau wurde sie schlicht nicht ernst genommen und musste viele dumme Fragen über sich ergehen lassen. So verbot ihr der Bürgermeister von Kiew 1996 auf der Pressekonferenz nach einem Kampf, überhaupt etwas zu sagen, weil Frauen nicht boxen sollten, sondern in die Küche und ins Bett gehörten. Heute moderiert Regina Halmich Boxkämpfe, entwickelt Trainingsprogramme und engagiert sich sozial; so unterstützt sie Kampagnen gegen häusliche Gewalt und ist Botschafterin des Deutschen Kinderhilfswerks.

Martina Theisen: Wie sagt Regina Halmich so schön über die eigene Person: »Ich habe mich immer selbst motiviert, mich selbst aufgerafft.«

»ICH WEISS,

DASS SCHEITERN ZUM ERFOLG

DAZU GEHÖRT.«

+++ 2017 Eine Gießener Ärztin wird zu einer Geldstrafe verurteilt, weil sie auf ihrer Homepage darauf hingewiesen hatte, dass sie Schwangerschaftsabbrüche vornimmt. Militante »Lebensschützer« sahen darin

ILLUSTRIERT VON MARTINA THEISEN

eine nach § 219a des deutschen Strafgesetzbuchs unzulässige Werbung für Abtreibung und hatten sie und etliche KollegInnen angezeigt +++

MAREN ADE

*12. DEZEMBER 1976

Die Filmregisseurin, Drehbuchautorin und Filmproduzentin wuchs in Karlsruhe auf. Sie studierte an der HFF München Spielfilmregie und gründete mit Janine Jackowski die Produktionsfirma Komplizen Film. Ihr Abschlussfilm, das Low-Budget-Drama *Der Wald vor lauter Bäumen*, erhielt u.a. den Spezialpreis der Jury des Sundance-Filmfestivals 2005. Ihr zweiter Film, *Alle Anderen*, wurde 2009 auf den Internationalen Filmfestspielen Berlin mit dem Silbernen Bären als Bester Film und Birgit Minichmayr als Beste Darstellerin ausgezeichnet. Nach dem weltweiten Erfolg ihres preisgekrönten dritten Spielfilms *Toni Erdmann* wurde sie sogar zur »Retterin des deutschen Kinos« ausgerufen. Sie ist die erste Regisseurin, deren Werk den Europäischen Filmpreis in der Kategorie Bester Film gewinnen konnte.

Amelie Persson: Meine Leidenschaft gilt dem storytelling – inhaltlich, wie visuell. Deshalb inspiriert und fasziniert mich die Arbeit von Maren Ade, die einzigartig charakterstarke Filme macht. Ihre Geschichten erreichen eine Authentizität, die berührt.

»SIE NIMMT SICH FÜR IHRE FILME SO VIEL ZEIT, DASS SIE WIE SOLITÄRE ANMUTEN, FUNKELNDE KLEINE MEISTERWERKE, DIE IN KEINE SCHUBLADE PASSEN.«

BIRGIT ROSCHY

+++ 2018 Ausgehend von den USA erreicht die »#MeToo«-Debatte Europa. Zahlreiche Frauen, vor allem aus der Film- und Fernsehszene, schöpfen Mut, von sexuellen Übergriffen zu berichten, denen sie ausge-

ILLUSTRIERT VON AMELIE PERSSON

setzt waren. Dabei stellt sich heraus, dass diese Übergriffe meist in erster Linie männliche Machtdemon-
strationen waren +++

BIRGIT PRINZ

*25. OKTOBER 1977

Die Frankfurterin wusste schon früh, dass sie Fußballerin werden wollte; bereits mit 15 Jahren bestritt sie, dank einer Sondererlaubnis, ihr erstes Bundesligaspiel. Die Stürmerin gilt als die erfolgreichste Frauenfußballerin der Welt, wurde neunmal Deutsche Meisterin, holte elfmal den deutschen Pokal und schoss vier Mal in der Liga die meisten Tore der Saison. Außerdem wurde sie 2003, 2004 und 2005 zur Weltfußballerin des Jahres gewählt. Mit der DFB-Auswahl wurde die Rekordspielerin 2003 und 2007 Weltmeister – Frauenfußball war jetzt endlich gesellschaftsfähig geworden –, und sie feierte fünfmal den Europameistertitel. Die Pionierin des Frauenfußballs war jetzt ein Star, ohne je ein Star sein zu wollen. 2011 beendete sie ihre Fußballerinnen-Karriere. Heute arbeitet sie als Sportpsychologin.

Tiny Brandt: Birgit Prinz ist für mich eine starke Frau, die ihren Kopf nicht nur für Kopfbälle nutzt.

»DURCH DEN FUSSBALL HABE ICH GELERNT: EGAL, WAS WIR TUN – WIR SOLLTEN ES MIT LEIDENSCHAFT TUN, WENN WIR WIRKLICH ETWAS DAZUGEWINNEN WOLLEN.«

ILLUSTRIERT VON TINY BRANDT

das Gesetzesvorhaben seiner Regierung, Kindern in Kitas und Schulen das Tragen von Kopftüchern zu ver-
bieten. Der Rechtskoalition gelingt es damit, das politische Milieu der FrauenrechtlerInnen zu spalten +++

MARGARETE STOKOWSKI

*14. APRIL 1986

Sie ist in Polen geboren und in Berlin-Neukölln aufgewachsen. Ihr Studium der Philosophie und Sozialwissenschaften schloss sie mit einer Arbeit über Simone de Beauvoir ab. Die freie Autorin schrieb von 2012–2015 die feministische Kolumne *Luft und Liebe* in der taz. Sie schreibt regelmäßig für verschiedene Zeitungen und Magazine und ist seit 2015 Kolumnistin bei Spiegel Online. Sie ist für ihre klaren, oft provokanten Worte in Sachen Feminismus und Gesellschaftskritik bekannt und gefürchtet. Ihr erstes Buch *Untenrum frei* gilt inzwischen als eine Standortbestimmung des modernen Feminismus.

Verena Herbst: Ich habe Margarete Stokowski porträtiert, weil ich es toll finde, wie locker leicht, witzig und unverbogen sie mit ihrer klugen und persönlichen Perspektive zur aktuellen feministischen Debatte beiträgt.

»IN DEM MOMENT, IN DEM SICH DIE FRAUEN

NICHT MEHR ZUM SCHWEIGEN BRINGEN LASSEN,

HÖRT DIE MACHT DER MÄNNER AUF.«

+++ Mit einer neuen Generation von Feministinnen kommt auch die Rede von einem »neuen Feminismus« auf. Im Unterschied zu den Feministinnen der Vorgängergeneration empfinden die neuen Feminis-

ILLUSTRIERT VON VERENA HERBST

tinnen manche oft hart erkämpften Errungenschaften längst als Selbstverständlichkeiten und sehen sich
oft als weniger verbissen und lustfreundlicher als die Vorgängerinnen +++

Jutta Bauer, *1955 in Hamburg. Sie studierte an der Fachhochschule für Gestaltung in Hamburg und ist seitdem freischaffend als Autorin und Illustratorin tätig. Sie hat u.a. in Weimar, Hamburg, Dresden und Valladolid gelehrt. Ihre Arbeiten wurden vielfach ausgezeichnet. Im Jahr 2009 erhielt sie den Deutschen Jugendliteraturpreis für ihr Gesamtwerk, 2010 den Hans-Christian-Andersen-Preis für Illustration. *(s. S. 31, 103)*

Rotraut Susanne Berner, *1948 in Stuttgart, studierte Grafikdesign in München und ist seit 1977 als freie Buchgestalterin, Illustratorin und Autorin tätig. Sie wurde für ihre Arbeit vielfach ausgezeichnet, u.a. 2006 mit dem Deutschen Jugendliteraturpreis für ihr Gesamtwerk, dem Großen Preis der Deutschen Akademie in Volkach 2016 sowie dem Hans Christian Andersen-Preis 2016. *(s. S. 21)*

Irene Berg, geboren und aufgewachsen in Kapstadt, Südafrika, absolvierte nach Musikstudien an der Universität Stellenbosch und der HfMDK Frankfurt einen Fernstudiengang in Grafikdesign. Sie arbeitet in Mannheim als freischaffende Illustratorin, Musikerin und Musikpädagogin. Ihre ersten zwei Bilderbücher wurden in Südafrika mehrfach ausgezeichnet. *(s. S. 27)*

Roberta Bergmann, *1979, ist Illustratorin, Gestalterin und Autorin. Sie war u.a. Gastprofessorin an der HBK Braunschweig. 2003 gründete sie die Ateliergemeinschaft Tatendrang-Design, die durch die Bundesregierung zur Kultur- und Kreativpilotin gekürt wurde. Seit 2017 gehört sie zum Kreativ-Experten-Team des Bundes. *(s. S. 141)*

Julia Bernhard, *1992 in Aschaffenburg, ist freischaffende Illustratorin und Comiczeichnerin. Sie studierte Kommunikationsdesign mit dem Schwerpunkt Illustration an der HS Mainz und hat unter anderem für den New Yorker, The Nib und den Palmengarten Frankfurt gearbeitet. *(s. S. 125)*

Tiny Brand/grafitiny, *1978, hat an der Fachhochschule Mainz Illustration und Fotografie studiert. Seitdem ist sie als freischaffende Dipl. Grafik-Designerin und Illustratorin tätig. Sie ist Mitglied der Illustratoren Organisation und lebt mit Mann und Tochter in Diez. *(s. S. 183)*

Laura Breiling lebt und arbeitet als Illustratorin in Berlin-Kreuzberg. Ihre Kunden sind u.a. Google, Nike, The New York Times, Bloomberg, The New Yorker, Die Zeit und viele weitere. In ihren Arbeiten legt sie besonderen Wert auf politische, feministische und gesellschaftskritische Inhalte. *(s. S. 115)*

Nele Brönner lebt und arbeitet als Illustratorin, Comiczeichnerin und Kinderbuchautorin in Berlin. Ihre Erzählweise in Bild und Text ist geprägt von der Leidenschaft für Tusche und Details. Ihr erstes Kinderbuch wurde 2015 mit der Serafina ausgezeichnet. Ihre Arbeiten erscheinen in Büchern, Magazinen und Zeitungen sowie in Ausstellungen. Außerdem unterrichtet sie. *(s. S. 151)*

Marie-Laure Chapuis, *1964, zeichnet seit ihrer Kindheit. Nach fast 20 Jahren in Frankfurt a.M. lebt und arbeitet sie als freiberufliche Illustratorin am Genfer See. Ihr Schwerpunkt sind Illustrationen für Kinder und Jugendliche. Sie arbeitet sehr gern mit klassischen Mitteln wie Papier, Tinten und Aquarell. *(s. S. 135)*

Arinda Craciun, *1979 in Brașov (Rumänien), hat Germanistik und Slawistik an der Universität Köln und Illustration an der Schule für Bildende Kunst und Gestaltung Berlin studiert. Sie arbeitet mit verschiedenen Monotypietechniken als Illustratorin in Berlin. *(s. S. 71)*

Florence Dailleux ist in Paris aufgewachsen. Nach Stationen in Schottland, Chile und Mexiko ließ sie sich in Deutschland nieder. Sie hat Anglistik studiert und sich dann dem Studium der Visuellen Kommunikation zugewandt. Sie lebt mit ihrer Familie in der Nähe von Frankfurt a. M. und arbeitet als freie Künstlerin und Illustratorin für Verlage und Unternehmen. (s. S. 23)

Bernadette Diemer ist eine freiberufliche Illustratorin aus Hamburg. Ihre Interessen reichen von neurologischen Phänomenen über Makabres bis zu alltäglichen zwischenmenschlichen Facetten – »und das spiegelt sich auch gerne mal in meiner Arbeit wieder«. (s. S. 87, 89)

Seda Demiriz, *1990, hat Kommunikationsdesign in Mainz und Kunst in Cuenca, Spanien, studiert. Sie arbeitet als Grafikdesignerin und Illustratorin, besonders gern fertigt sie Reiseskizzen an. (s. S. 39, 113, 127)

Beate Fahrnländer, *1965 in Leipzig, hat Visuelle Kommunikation und Illustration an der UdK Berlin und an der ESAG in Paris studiert. Nach einem vierjährigen Aufenthalt in den USA lebt sie heute mit ihrer Familie in Lörrach und arbeitet für verschiedene Verlage und Magazine. (s. S. 45, 53)

Lisa Frühbeis publiziert seit 2015 in Comicmagazinen und im Internet Kurzcomics. Einer ihrer Webcomics wurde vom Berliner Tagesspiegel aufgegriffen und publiziert. Als Graphic Recorderin ist sie spezialisiert auf gezeichnete Protokolle von Veranstaltungen. Sie zeichnet für Berater, Designagenturen, Konferenzen und NGOs. Sie arbeitet derzeit an einem größeren Comicprojekt. (s. S. 159)

Katrin Funcke, *1970 in Bielefeld, lebt und arbeitet in Berlin. Sie wurde mit einer ADC-Goldmedaillie und dem Künstlerinnenpreis des Landes NRW ausgezeichnet. Ihre Arbeit wird in zahlreichen Institutionen und Galerien ausgestellt, u.a. im Freien Deutschen Hochstift, Goethehaus Frankfurt, Zeche Zollverein Essen, Galerie Ludwig, Schloss Oberhausen. (s. S. 59)

Kristina Gehrmann hat schon ihr ganzes Leben lang gezeichnet. Sie studierte klassisch-akademische Malerei und arbeitet als Illustratorin und Comic-Zeichnerin in Hamburg. Sie bevorzugt historische Themen und das Medium Graphic Novel. Ihre Arbeiten wurden mehrfach ausgezeichnet, u.a. mit dem Deutschen Jugendliteraturpreis. (s. S. 13)

Anneke Gerloff, *1979, ist freiberufliche Grafikerin und Illustratorin in Berlin. Sie interessiert sich vor allem für die Schnittstellen von Grafikdesign und Zeichnung mit Politik und Kultur. (s. S. 163)

Florine Glück ist eine in Wien lebende deutsche Illustratorin. Seit ihrem Diplom an der AdBK Stuttgart im Jahr 2008 illustriert sie für nationale und internationale Kunden, Magazine und Verlage wie auch für ihr Designstudio BueroApril. (s. S. 51)

Katharina Gschwendtner lebt in Hamburg als Illustratorin, freischaffende Künstlerin, Dozentin und Mitglied der Gruppe SPRING sowie Mitherausgeberin der gleichnamigen Publikation für Zeichnung und Bilderzählung. Ihre Arbeiten wurden in Europa, Japan, Kanada und USA ausgestellt. (s. S. 133)

Constanze Guhr kommt aus Leipzig, hat aber neulich festgestellt, dass sie sich nun als Berlinerin fühlt. In Berlin hat sie studiert und arbeitet seit 2001 als Illustratorin für Verlage, Magazine und private Kunden. Sie entwickelt eigene Buchkonzepte und zeichnet am liebsten Frauen. (s. S. 29)

Kristina Heldmann malt mit bewegten Pinselstrichen und frischen Farben am liebsten in Acryl auf Papier. Seit ihrem Diplom in Visueller Kommunikation arbeitet sie als freiberufliche Illustratorin. Sie lebt mit ihrem Mann, zwei Kindern und Hund in Berlin. (s. S. 41)

Verena Herbst lebt als freie Graphikerin und Illustratorin in Leipzig, wohin es sie nach ihrem Studium an der Bauhaus-Universität Weimar und Abstechern nach Granada und Berlin zog. Sie arbeitet für Verlage, Agenturen und diverse andere Firmen. (s. S. 185)

Marie Hübner, *1969, absolvierte 2001 ihr Studium an der Hochschule für Gestaltung in Offenbach. Sie arbeitet als Illustratorin sowie als Autorin für verschiedene Kinderbuch- und Bildungsverlage. Sie lebt mit ihrer Familie in Frankfurt am Main. (s. S. 57)

Ulrike Jensen hat Kommunikationsdesign an der Fachhochschule Potsdam studiert und hat während ihres Studiums u.a. Gastsemester in Peking, Bangkok und Singapur absolviert. Seit 2008 lebt sie mit Ihrer Tochter als freiberufliche Illustratorin und Gestalterin in Berlin, wo sie für Verlage arbeitet und an Ausstellungen teilnimmt. (s. S. 77)

Barbara Jung studierte an der Fachhochschule Mainz Kommunikationsdesign. Seit 2003 arbeitet sie als freischaffende Illustratorin für Kinder- und Jugendbücher, Zeitschriften und Agenturen. »Ein Buch mit Porträts wichtiger Frauen der letzten hundert Jahre in die Augen der Öffentlichkeit zu bringen, und zwar auf sehr persönliche Art und Weise, finde ich wichtig und spannend«. (s. S. 17, 149, 177)

Kitty Kahane illustriert Bücher, Graphic Novels und zeichnet Animationsfilme. Sie schreibt Geschichten und entwickelt Workshops, die sie weltweit an Goetheinstituten realisiert. Weiterhin hat sie als Dozentin in der Schweiz, in Pakistan und der Ukraine gelehrt. (s. S. 107)

Regina Kehn hat an der HAW Hamburg Illustration studiert. Seit 1990 arbeitet sie an Bilderbüchern, Titelgestaltungen und Innenillustrationen, Briefmarken, Holz- und Linoldrucken. Die vielfach ausgezeichnete Hamburgerin schreibt auch eigene Texte und hat zu Texten vieler anderer Autoren Bilder gezeichnet, gestempelt, geschnitten und gedruckt. (s. S. 109)

Nicola Koch, *1967 in Marburg als eines von 12 Kindern, studierte in Darmstadt Grafik-Design. Nach einer Dekade in der Werbewelt entwickelte sie sich zum Allroundtalent im Bereich Illustration, Malerei, Bildhauerei, Kunstpädagogik und Kochen. (s. S. 37, 165)

Sabine Kranz war schon als Kind mit ihrer Lilalatzhosen-Mutter bei Demonstrationen am Frauentag dabei. Ihre Bilder sind ebenso von französischen Comics inspiriert wie von den Mustern und Farben der Schürzen und Röcke ihrer Großmutter. Sie hat in Kassel und Stuttgart studiert und wohnt heute als freiberufliche Illustratorin und Designerin mit ihrer Familie in Frankfurt am Main. (s. S. 75, 81, 93, 155)

Tina Kraus studierte Design an der Fachhochschule Münster. 2009 verbrachte sie ein Auslandssemester in Seoul, Südkorea. 2010 machte sie ihren Abschluss als Diplom-Designerin. Heute arbeitet sie als freiberufliche Illustratorin und Papierkünstlerin für diverse Verlage. Sie lebt in Münster. (s. S. 111, 171)

Julia Krusch lebt und arbeitet in Berlin und illustriert seit dem Meisterschülerstudium an der KH Berlin Weißensee freiberuflich für Magazine und Zeitungen. Ihre freie zeichnerische Arbeit treibt sie in die Ferne genauso wie in altbekannte Zimmerecken. (s. S. 119)

Riikka Laakso ist in der kleinen Stadt Kerava in Finnland geboren und lebt und arbeitet inzwischen in ihrer Wahlheimat Berlin, wo sie auch ihren Master in Illustration an der UdK abgeschlossen hat. Sie ist Mitglied des deutschen Parallel Universe Kollektivs. *(s. S. 117)*

Carolin Löbbert schloss 2008 ihr Studium an der HAW Hamburg ab. Seitdem hat sie ihre Arbeiten in diversen Ausstellungen gezeigt – unter anderem in Tokio, Antwerpen und Berlin – sowie in Magazinen und Anthologien veröffentlicht. Sie ist Mitglied der Künstlerinnengruppe SPRING. Sie arbeitet in den Bereichen Illustration, Kunst und Grafik für verschiedene internationale Verlage, Agenturen und Labels. *(s. S. 33)*

Franziska Ludwig, *1976, lebt mit ihrer Familie in der Nähe von Kiel und arbeitet dort auch als freischaffende Illustratorin. Sie ist Mitherausgeberin des Kieler Pure-Fruit-Magazins und illustriert für Verlage und Magazine. *(s. S. 25)*

Eva Muggenthaler, *1971, hat an der FH Hamburg Illustration studiert und war Stipendiatin der internationalen Akademie für Kunst und Gestaltung, Pentiment, bei F. K. Waechter. Sie zeichnet, malt und collagiert seit 1997 als freie Illustratorin für diverse Verlage. Ihre Arbeiten wurden vielfach ausgezeichnet. Sie lebt in Ostfriesland. *(s. S. 63, 143)*

Barbara Ott ist eine freie Illustratorin aus Berlin. Sie arbeitet für Kunden wie die New York Times, Google, Etsy, Neue Zürcher Zeitung, Berliner Philharmonie, Psychologie Heute, Spiegel und viele andere. Zudem unterrichtet sie Editorial Illustration an den Fachhochschulen Mainz und Würzburg. *(s. S. 83)*

Amelie Persson ist eine deutsch-schwedische Illustratorin und Autorin. 2011 gründete sie ihr Atelier *words & illustration* in Frankfurt am Main, zog dann weiter nach New York und lebt und arbeitet seit 2016 in London. *(s. S. 181)*

Doro Petersen, *1977, lebt und arbeitet als Illustratorin, Museums-Kunstvermittlerin und Initiatorin von geführten Skizzenspaziergängen in Berlin. Zeichnend stiftet sie kleine und große Menschen mit viel Freude zum Zeichnen an. *(s. S. 67, 105)*

Moni Port, *1968, machte nach dem Abitur eine Ausbildung zur Buchhändlerin, danach absolvierte sie ein Design-Studium in Mainz. Sie arbeitet als freie Illustratorin, Grafikerin und Autorin in der LABOR-Ateliergemeinschaft in Frankfurt am Main. *(s. S. 121, 131)*

Nadine Prange, *1980 in Düsseldorf, reiste nach der Schule durch die Welt u.a. nach Indien, Nepal und Israel. Dann studierte sie an der HGB Leipzig und übernahm gleich danach selbst eine Lehrtätigkeit an der Fachoberschule der sächsischen Lehmbaugruppe. Sie arbeitet als freischaffende Illustratorin. Das Zeichnen macht sie glücklich. *(s. S. 47, 91)*

Tessa Rath, *1978, ist eigentlich Dipl. Kunsttherapeutin. 2015 beschloss sie jedoch, ihrer Leidenschaft, dem Illustrieren, zu folgen und hat seitdem für verschiedene Verlage gearbeitet. Sie lebt mit ihrem Mann und den gemeinsamen zwei Kindern an einem schönen Fleckchen in der Nähe von Bremen. *(s. S. 35)*

Dina Rautenberg entdeckte und entwickelte während ihres Studiums an der Hochschule für Gestaltung Offenbach für sich das Zeichnen mit der Nähmaschine. Ihre genähten Bilder befinden sich an der Schnittstelle zwischen Kunst und Illustration. Sie erzählt damit Geschichten und versteht sie als persönliches Kommunikationsmittel. *(s. S. 139)*

Annegret Ritter lebt und arbeitet als freie Illustratorin in Marburg. Sie hat Spielmitteldesign in Halle (noch in der DDR) studiert und zeichnet für Kinder und Erwachsene. Außerdem gibt sie Kurse für Kinder und Jugendliche. Dass Frauen gelegentlich als das »schwache

Geschlecht« bezeichnet werden, kam ihr schon immer seltsam vor. Nach der Arbeit an diesem Buch findet sie die Bezeichnung völlig absurd. *(s. S. 79, 137, 147, 173)*

Christina Röckl hat ihr Masterstudium in Illustration bei ATAK/Georg Barber abgeschlossen. Sie illustriert Bücher. Gleich ihr Debut wurde mit dem Deutschen Jugendliteraturpreis ausgezeichnet. Im Frühjahr 2018 erschien ihr zweites Werk, das von der STUBE mit der Kröte des Monats ausgezeichnet wurde. *(s. S. 97, 169)*

Janina Röhrig hat Kommunikationsdesign in Frankfurt am Main studiert. Sie liebt das Zeichnen und interessiert sich insbesondere für Themen wie Menschenrechte und das Leben an sich im Allgemeinen und im Besonderen. Zurzeit lebt und arbeitet sie als freischaffende Illustratorin und Grafik-Designerin in Braunfels im Lahn-Dill-Kreis. *(s. S. 19, 85)*

Christine Rösch, *1985, hat in Mainz und Jerusalem Kommunikationsdesign studiert. Ihre Illustrationen erscheinen in nationalen und internationalen Zeitungen und Magazinen. Sie lebt und arbeitet als freie Illustratorin in Berlin. *(s. S. 15)*

Franziska Ruflair ist selbstständige Illustratorin und Graphic Recorderin, das heißt, sie fertigt visuelle Protokolle von Meetings, Konferenzen, Workshops oder Vorträgen an, in Bild und Schrift. Mit ihrer Bachelorarbeit, einer Graphic Novel, wurde sie 2016 Finalistin beim Comicbuchpreis der Berthold-Leibinger-Stiftung. *(s. S. 8, 9, 10, 11, 161)*

Bianca Schaalburg, *1968 in Berlin, zeichnete bereits während ihres Studiums der Visuellen Kommunikation an der HdK Berlin Cartoons und illustrierte erste Kinderbücher. Seit 2006 hat sie einen Platz an der Sonne im *Atelier petit 4* im Prenzlauer Berg in Berlin. Sie arbeitet als Illustratorin für Verlage, Redaktionen und Agenturen. *(s. S. 157)*

Katharina Schmidt/kwittiseeds arbeitet als freiberufliche Illustratorin und Designerin in Frankfurt am Main. Ihre Inspirationsquellen sind Peter-Sellers-Filme, isländische Musik, das tägliche Leben sowie die Tierwelt. *(s. S. 99)*

Silke Schmidt ist freie Künstlerin und Illustratorin. Sie studierte Anglistik, Germanistik und Bildende Kunst in Mainz und Edinburgh. 2005 wurde sie an der UdK Berlin zur Meisterschülerin ernannt. Seit 2012 lebt sie mit ihrem Mann und ihren beiden Töchtern in der Uckermark. *(s. S. 123)*

Annika Siems ist Illustratorin und Diplom-Designerin mit Sitz in Hamburg. Sie studierte in Hamburg an der HAW sowie in Paris an der École Nationale Supérieure des Arts décoratifs. Sie arbeitet als Malerin, Autorin und Illustratorin für unterschiedliche Verlage, Zeitschriften und Agenturen. Ihre Arbeiten wurden mehrfach international ausgezeichnet. *(s. S. 49)*

Selda Marlin Soganci, *1973, studierte Grafik-Design mit Schwerpunkt Illustration an der FH Münster. Seitdem ist sie als freie Grafikerin und Illustratorin tätig, gestaltet Plakate, Bühnenbilder und illustriert regelmäßig für Buchverlage. Sie malt, schnitzt und schraubt ihre Bilder am liebsten auf/aus/in Fichtenholz. Ihr ist wichtig, dass die Figuren in ihren Büchern menschlich sind und Charakter haben. Nobody´s perfect! *(s. S. 101)*

Katja Spitzer hat Kunstgeschichte und Geschichte in Halle und Illustration in Leipzig und Luzern studiert. Sie illustriert für Erwachsene und für Kinder gleichermaßen. Sie arbeitet für deutsche und internationale Verlage und ihre Arbeiten wurden international ausgestellt und mehrfach prämiert. *(s. S. 65)*

Tanja Székessy, *1969, ist Berlinerin. Außerhalb von Berlin war sie kaum, nur von 1976–1980 in Bonn, 1994 für ein Semester in Marseille sowie in diversen Urlaubsorten. Sie hat in Berlin Visuelle Kommunikation studiert, und seit Juli 1997 zeichnet und collagiert sie Bilder für Kunden in den Bereichen Print, Online und Offline. *(s. S. 129)*

Britta Teckentrup, *1969, wurde in Hamburg geboren und hat am Central Saint Martins College of Art and Design und am Royal College of Art in London Kunst und Illustration studiert. Nach siebzehn Jahren in England, während derer sie weltweit zahlreiche erfolgreiche Bilderbücher veröffentlicht hat, arbeitet und lebt die vielfach Ausgezeichnete heute mit ihrer Familie in Berlin. *(s. S. 43, 95)*

Martina Theisen, *1968 in Fulda an Heiligabend, studierte Kommunikations-Design in Mainz mit den Schwerpunkten Fotografie und Illustration. Witzigfreche Themen und emotional schräge Charaktere sind ihr beim Illustrieren am liebsten. *(s. S. 179)*

Christa Unzner, *1958, studierte Gebrauchsgrafik in Berlin. Seit 1982 ist sie freischaffende Illustratorin und hat etwa 140 Bücher – zumeist Kinderbücher – illustriert, die in viele Sprachen übersetzt wurden. Nach mehreren Jahren in Lateinamerika lebt und arbeitet sie nun in Berlin und in Südfrankreich. *(s. S. 73)*

von Zubinski wurde 2001 von den Designerinnen Zuni Fellehner und Kirsten Fabinski gegründet. Gemeinsam illustrieren und gestalten sie u.a. für Verlage, Zeitungen und Institutionen. Viele ihrer Arbeiten wurden international publiziert und ausgezeichnet. *(s. S. 55)*

Franziska Walther ist Diplom-Designerin, Buchautorin, Illustratorin und Researcherin mit Sitz in Hamburg und Weimar. Dem Geist der Bauhaus-Stadt folgend, gründete sie hier im Jahr 2010 das Studio SEHEN IST GOLD®, das sich als Ideenlabor für gute Gestaltung versteht. Für ihre Arbeiten erhielt sie zahlreiche nationale und internationale Auszeichnungen. *(s. S. 167)*

Birgit Weyhe, *1969 in München, wuchs in Ostafrika auf. Nach ihrem Magister in Literatur studierte sie Illustration in Hamburg. Sie lebt als Zeichnerin in Hamburg. Ihre Graphic Novels wurden zuletzt 2015 mit dem Comicbuchpreis und 2016 mit dem Max-und-Moritz-Preis ausgezeichnet. *(s. S. 61)*

Marie Wolf, *1991, studierte ab 2010 an der HTW Berlin Kommunikationsdesign. Seit ihrem Abschluss 2014 lebt sie als freiberufliche Illustratorin in Berlin. Sie arbeitet für verschiedene Magazine, Verlage und Agenturen und nimmt seit 2018 einen Lehrauftrag wahr. *(s. S. 153)*

Sylvia Wolf lebt und arbeitet in Wiesbaden als freie Illustratorin für Verlage, Werbeagenturen und Direktkunden. Weiterhin übernimmt sie immer wieder Gestaltungsaufträge für Zeitschriften, u.a. des FAZ-Verlags, des Springer-Fachbuchverlages sowie des Harvard-Business-Manager. *(s. S. 175)*

Stephanie Wunderlich hat Kommunikationsdesign an der FH Augsburg und der ISIA Urbino studiert. Seitdem ist sie als freischaffenden Illustratorin in Hamburg für nationale und internationale Magazine und Verlage tätig. Sie war als Dozentin sowohl in Deutschland als auch in China tätig. Ihre Arbeiten wurden national und international vielfach ausgezeichnet. *(s. S. 69)*

Nadja Zinnecker Ihr Stil ist bis heute von klaren Formen, leuchtender Farbe und einem Hauch Achtzigerjahre geprägt. Eben von der Zeit, als sie im elterlichen Grafik-Atelier groß wurde. Sie gestaltet Logos, in denen Jogger und Hirsche durch den Wald laufen und zeichnet Löwen, die in Erklärfilmen schwanzwedeln. *(s. S. 145)*